なぜ組織は個を活かせないのか

馬塲杉夫 著

中央経済社

はじめに
単に個を活かせばよいということではない

　本書は，組織の中の個人を捉えることで，個の努力が企業の存続にしっかりと結びつき，個と企業が互いにWin-Winの関係となることを期待している。
　想定している読者は，個を活かしたい経営者，リーダー，管理者から，自らを活かしたいビジネスパーソン，将来のことを見据えた学生，そして，個を活かすことに関心のある研究者である。研究主眼で考えるならば，より先端の先行研究を丹念に咀嚼し，関連付けを明らかにしていく必要がある。その場合，実務家から見ると，やや冗長に感じてしまうとともに，関心からずれてしまう。実務家よりの内容にするならば，実際の効果により焦点をあてたものにすべきであろう。そのことを強調しすぎると，個を活かす仕組み，活かせない原因といった理論的な枠組みを軽視してしまい，応用範囲が狭くなってしまう。
　本書は，実務を意識しながらも，ある程度は研究書として耐えられる構成とする（反証可能性を提示）ことで，より深く学びたい人に手掛かりを与えるとともに，理論的な枠組みを実践に応用しやすい表現とすることを心掛けた。そのため，増補された文献がある引用については，初版の年代と増補されたものの年代を記すように心掛けた。日本語訳がある場合には，できる限りそれを引用先とするとともに，できるだけ新しく訳されたものを選んだ。

困難な課題と２つのアプローチ
　企業を取り巻く外部環境は，絶えず変化を繰り返し，不透明感はますます高まってきている。例えば，国境線に関わる変化があげられる。自国の利益を得るために，その線引きを明確にしようという動きと，地域や世界の繁栄を考え，その線引きを曖昧にしようという動きは絶えず変化している。また，インターネットの普及により，多くの情報を安価で入手することができるようになった。一方，情報の出所が怪しいものや，もっともらしいウソの情報

があふれている。加えて，うっかりした個人のミスや意図的な犯罪行為により，本来，流出してはいけない情報までもが，人の目に触れてしまうことがある。その結果，既存のビジネスが立ち行かなくなったり，新たな製品や事業の開発が喫緊の課題となったり，はたまた，自社を守るために多大なるコストがかかるようになってきている。こうした困難な課題に向けて，企業は試行錯誤を繰り返すとともに，経営学の論壇でも実に多くの議論が交わされている。

これらの課題に対して2つのアプローチがある。1つは，個に焦点をあてた取り組みである。もう1つは，トップダウンを前提とした議論である。前者は，課題突破の主役は現場の個人にある，という考え方に基づいている。そのため，個人が活躍できるよう働きかける。しかし，このアプローチは，ともすると，非常に優れた個人や偶然に期待してしまい，再現性が疑わしく感じられてしまう内容が少なくない。

後者は，優れた戦略こそが課題解決に欠かせないという考え方に基づいている。このパターンでは，経営者の英断によってのみでしか企業の立て直しはできないという，現場の人達の無能論を感じさせる。いずれも極論に聞こえる。もう少し，このあたりのことを掘り下げてみよう。

「企業は人なり」は実践されているか？

個人へのアプローチは，「企業は人なり」という言葉に代表される。このフレーズは，実によく耳にする。日本では，多くの企業が長い間，このフレーズを標榜してきた。昨今，「人財」と表現する企業が増えてきているのも，その表れの1つである。企業の方にお話を伺うと，そのことを反映して，結局「人」が大切だとおっしゃる人が多い。改めて，人の重要性が再認識されているように感じる。同時に，話題にされているということは，いまだ人の問題は難しいということの表れであると思われる。

ここでいう「人なり」の「人」は，従業員の総体を指すマンパワーとしての意味ではない。マンパワーであれば誰でもよく，労働力の確保だけが課題となる。とりわけ，昨今話題となっているAIの普及によって，「労働」とは何かを考える場面が増えてきた。前出の企業の方々は，口を揃えて「コン

ピュータにできることは，コンピュータにやってもらう。」とおっしゃっている。明らかに「人」がやらなくてはならない仕事，「人」でなくてはできない仕事が問われている。

このように，人が問題の焦点となっているにもかかわらず，いまだ十分な解決策を見出せず，企業は，人に関わる多くの課題を抱えている。この課題解決に向けて，少し批判的見方で課題を掘り下げてみようと思う。なぜならば，解決できていない理由が，我々の思い込みにあるかもしれないからである。

まず，企業の視点から見てみると，「企業は人なり」というフレーズを掲げている企業は，本当に個を大切にしているのだろうか。もし，従来から個を大切にしているのであれば，社会で問題にされる前から働き方改革に取り組んでいたに違いない。ところが，多くの企業がこぞって働き方改革を唱え始めた。これは，「これまで人を大切にしてきませんでした」と宣言していることと同じに聞こえる。「人を大切にしている」あるいは「企業の価値の源泉は従業員である」と言っておきながら，都合よく従業員を酷使し，表面的に従業員を大切にしているデモンストレーションを行ってきた節がある。

一方，個へ視点を移せば，本当に個は企業を支えているのであろうか，という疑問も湧き上がる。企業行動を分解すれば，確かにそれを支えた個を特定することは可能であろう。しかしながら，個人の行動に焦点をあてた場合，そのすべての行動が本当に企業に貢献していたかを問うと，疑問が残る従業員もいることだろう。

確かに，ミクロで観察する限りでは，従業員の働きによって難局を切り抜けた事例は枚挙に暇がない。例えば，業績不振が続く中，起死回生の新製品を開発した立役者，現場の献身的なリーダーの活躍，現場へエンパワーメントし，それが功を奏した経営者，といった成功事例がビジネス書で数多く取り上げられている。

さらに，そういった個の輝かしいストーリーは，同じような体験をしたい個人のキャリア開発へと展開する。それらの事例はあたかも手本であるがごとく扱われ，こうやったらあなたも成功する，と言いたげである。

しかしながら，より広い視点で捉えた場合，それらは企業活動のごくごく

一部であり，成功要因のほんの一端を担っているだけのものがほとんどである。企業活動が実に多くの機能によって支えられていることは，経営学を学んだ人には広く認識されている。様々な部署の人達の協力やユーザー，取引先，金融機関，株主といった人達の支援は，時として陰に隠れてしまうが影響は大きい。

　そのため，企業活動の全体感を無視して，個人が活躍する一部だけを先行例に真似てうまく取り込み，一時は成功したとしても，やがて，望んでいなかった結果を招く。個人のキャリアへの応用であっても同様である。個人の成功事例は，特殊な条件を備えていることが多く，応用が難しい。個人を勇気づけることはあっても，そのまま当てはめることによって，望んだ結果がもたらされるのは稀である。

　このように，従業員を崇拝するこれらの議論や個人の成功体験談は，木を見て森を見ずのような状況であることが多い。華やかなところだけを切り取っているからである。個を活かして組織を活性化させたり，個が活躍するために自ら努力することは大切なことである。これらを実現させるためには，関連する様々な要因にも目を向ける必要がある。

神のように優れた経営者への期待

　一方，優れた戦略を構築できればよいのか，あるいは優れたリーダーが1人いればよいのか，といった従業員を極端に軽視した議論は，いささか度を越えているように感じる。もちろん，経営者は責任のある立場であり，企業組織の中で最も重要な存在であることは間違いない。しかし，個を活かすことは，実際，取るに足らないことなのであろうか。

　過度な現場尊重は，経路依存的になりがちであり，既存の枠組みから脱却することは難しい。現場が始めた事業を，ニーズが変わってきたために，その事業を清算する判断を現場が行うことは，権限を超えているため極めて困難である。特に，その事業に情熱をもって取り組んでいる仲間がいればなおさらである。その結果，知らず知らずのうちに既存事業にすがりつくことになる。だが，儲かっていた事業からこれから儲かるであろう事業へ転換するためには，経営者だけが頑張ればよいか，というとそうでもない。複雑な世

の中，そのようなすべてを見通す神のような存在に頼ることほど脆弱なことはない。最終的な判断を下すのは経営者であるが，その種を創り出したり，見つけたりすることは，現場の人達の努力に依存している。

それでもなお，人はヒロインやヒーローを特定したがる。彼女ら，彼らのサクセスストーリーは，人の耳に心地良い。こうして巷にカリスマ型のスーパー経営者が作り上げられる。やがて危機的局面が訪れると，新たな神のような存在の降臨を待ち望む声が聞こえてくる。実際，多くの場合，そのような人は存在していない。多くの人達が，そういった架空の人に依存しているように感じられる。

2つのアプローチの融合を試みた

従業員が大切だというミクロに偏った議論と，トップのリーダーシップこそが欠かせないというトップダウンを崇拝する議論は平行線をたどり，いつまでも問題の本質へと迫らない。問題解決へと導くのは，現場が頑張ればよい，トップがしっかりしないと，という単純な二分法でないことは明らかである。

また，この2つは，なかなか相入れない側面がある。現場を重視する動きは，時として多様化を促進させ，様々な価値観が同居することによる混乱を深めるリスクが伴う。ボトムが強すぎると，一体感が損なわれるのである。一方，トップ重視の姿勢は，極度の一体感をもたらし，そこから逸脱する動きを排除しがちである。トップが強すぎると，メンバーは自ら考えなくなるとともに，トップの暴走へつながる。これらは，変化の速い時代において，大きな足かせとなる。問題解決に向けたこの2つの取り組みは正反対のアプローチであるため，同時に成立させることは極めて難しい。

本書は，個人に焦点をあててはいるが，同時に全体感を意識することで，問題の解決を図ることを目指している。その点，現場のマネジメントや人事の議論とは異なる。また，もちろん，個の活動が見えない戦略論とも異なる。

歴史的にみると繰り返されている

実際，歴史的には，この2つの動きは，順番に顔を見せているように感じ

る。個を尊重し多様性を重視しすぎると，世の中は混乱へと陥っていく。さらに混迷し戦乱が起きると，やがてカリスマ支配者が登場し，世を平定する。日本の歴史を振り返って見ても，乱世と言われる時代の前後に平和な時代が必ずある。

こうしたことから，Bismarckが言ったとされる「賢人は人の経験から学ぶ」という命題が実現できていないと考えることができる。戦乱が続くと，飽くなき平和への願いが高まっていく。やがて，平和な時代が続くと，次第に変化への認識力が衰え，危機意識が薄くなっていく。しかし，平和な時代はなかなか続かない。どうやら我々は，賢人ではないのかもしれない。

世界平和から見ると，1つの組織の存続は小さなことかもしれない。だが，健全な組織の存続は，個に活躍の場を提供し，多くの人達の雇用を確保し，社会の安定につながる。組織が存続を目指すのであるならば，混乱と強固な統一との振れ幅を小さくする必要があるのではないだろうか。

その幅が多くの人達にとって許容できる範囲内であれば，問題は小さい。しかし，振れ幅が大きいと，組織内のコンフリクトを高め，組織内の人を摩耗させる。これでは，アンハッピーな人を増やすことになる。

安定を実現させたトップの何人かは，やがて訪れる環境変化を認識できずに，次第に会社の中は乱れていく。変化に敏感であり続けるためには，ボトムの声を聞き入れなくてはならない。

今の経営環境を観察すると，乱世とまでは言えないが，混乱期に向かっているように思えてならない。可能な限り平和的な方法で組織の存続を図る工夫が求められている。

振り子の幅を小さくしたい

本書は，外部環境の変化に伴って生まれる課題に対して，この振り子の幅を小さくすることで，解決を図っていくことを目指している。組織と個の間に混乱が生じる最も大きな原因について，誤解を恐れずに述べると，究極的には，不連続に変化する外部環境に常に対応しなくてはならない企業と，連続的にしか変われない従業員との間に生じる軋轢にあると考えている。

この軋轢が顕在化する理由は，互いの変化の速度が異なるからである。現

場の従業員がいち早く変化する市場に気づき，対応する。しかし，組織がその変化に対応できない。あるいは，経営者の英断のスピードと現場が認識し理解するスピードにギャップが生じると，コンフリクトは大きくなる。外部環境の変化，戦略の変化，組織の変化，従業員の変化，それぞれの変化するスピードが異なるのである。

このそれぞれの変化のスピードの差の軽減に向けて，組織と個を取り巻く状況を解きほぐし，本書の目的に迫りたいと思う。

本書の構成

本書は3部で構成されている。

第Ⅰ部では，個を活かすことに関する問題を掘り下げ，何を解決しなくてはいけないかを明らかにする。具体的には，個を活かすことに関する研究の流れを紹介し，今，求められている「個を活かすこと」が，これまでの研究とは異なることを明示する。また，現在，個を活かすことがなぜ求められ，どうして解決しなくてはいけないのかを示した上で，実際に個が活かされていないことを確認し，本書が掲げる「組織の中で個を活かすこと」の重要性をはっきりさせたい。

第Ⅱ部では，問題を特定し，解決に向けた足がかりの構築を試みる。なぜ，これまで問題が解決しなかったのかが明らかになるとともに，複雑に入り込んでいる問題領域を整理することで，解決に向けた視座を与えたい。

第Ⅲ部では，問題解決に向けた提案と，実践のインプリケーションを与えたい。そのために，いくつかの局面ごとに事例を交えながら論を進める。

問題の解決策を先取りしたい人は，第Ⅰ部と第Ⅱ部のまとめを読んだ後に，第Ⅲ部を読まれるとよいであろう。事例が理解を促すとともに，個を活かす際に生じる問題解決に向けて，きっと何かのヒントをつかむことができると思う。

その理論的背景も含めて，本書で主張した取り組みを深く理解したいと思われる方は，併せて第Ⅱ部に目を通されるとよいと思う。第Ⅱ部は，問題解決に向けて本書独自の視点を提供し，なぜこれまでの議論で問題が解決できなかったか，理解することができると思う。

さらに，本書の主張を一時の解決だけではなく，現在起きている似たような問題や将来の未知の問題の解決に向けて応用展開力も備えたいと思われる読者は，第Ⅰ部から読み進めるとよいだろう。第Ⅰ部は少し冗長かもしれないが，現在，期待されている個の問題を整理し，個への過度の期待を軽減させるとともに，個に期待しなくてはならない局面をはっきりと認識できるであろう。

　本書を執筆するにあたり，いくつかのアイディアを紡いできた。思考の飛躍を少しでも避けるために，そのプロセスを開示したい。第Ⅰ部で行った問題領域の深耕においては，以下の論文を発端としている。

- 「個人からアプローチする組織変革―組織硬直化要因と硬直からの脱却―」『三田商学研究』50(3)，2007a，pp.285-294
- 「組織の整合性問題に関する一考察―戦略的人的資源管理を発端として―」『創価経営論集』34(1)，2010，pp.89-99
- 「個の時代の組織化の意義」『社会イノベーション研究』9(2)，2014a，pp.35-50

また，第Ⅱ部で行った問題の特定は，次の論文を契機にして進めた。

- 「フォロワーシップを中心とした現場力の促進と阻害要因の検討―アンケート調査に基づいて―」『専修マネジメント・ジャーナル』3(1)，2013，pp.51-61（中村友里絵との共著）

　ただ，これらすべての論文で記載されている内容を見直すとともに，大きく書き直し，すべての領域において刷新した。本来は，さらに4，5本の論文を執筆したのちに本書を著す予定であったが，自身の怠慢ゆえにそのプロセスを割愛してしまった。

　本書の執筆にこぎつけることができたのは，ひとえに，これまで私を叱咤激励するとともに，ご指導くだった方々のおかげである。ここに厚く御礼申し上げるとともに，深く感謝したい。

　先端の研究の面白さをあますことなくお示しくださったのは，慶應義塾大学名誉教授の故・清水龍瑩先生である。清水先生のゼミに入れていただいた

ことがきっかけとなって，研究者の道を歩むことができたとともに，博士課程まで在籍させていただいたことによって，世に貢献する新しい領域の研究に取り組む姿勢を強く意識することができるようになった。理論の重要性や理論の解釈，論文の作法など研究者としての基礎を叩き込んでいただいたのは，慶應義塾大学名誉教授，成城大学名誉教授の十川廣國先生である。博士課程の最後の１年からこれまで，多くの研究に携わる機会を与えてくださっただけでなく，その機会を通して，実践的に研究に必要な多くのことを教えていただいた。博士学位を取得し，研究者として一人前として扱われるようになったのは，十川先生のおかげである。

清水先生のもと，ともに学ぶとともに，実証研究のあり方についてこれまで多くのことをご教示いただいたのが，慶應義塾大学教授の岡本大輔先生であり，関西学院大学教授の古川靖洋先生であり，慶應義塾大学教授の佐藤和先生である。実証研究に基づいた３人の先生方との共著の執筆によって，その手法も含め，多くの情報を共有することができた。

十川先生のもと，大東文化大学の青木幹喜先生や成城大学の遠藤健哉先生を中心とした多くの共同研究者から，理論の解釈について，示唆に富んだ多くのコメントをいただいた。浅はかな私の発想について，理論上どのような解釈が必要なのかをしっかりと意識することができた。おかげで少しは骨のある展開ができるようになったと思っている。

1995年に専修大学に入職してから，他大学へ移られた先生も含め，卓越した同僚に恵まれ，研究者として多くの刺激をいただき，研究の幅が広がった。加藤茂夫先生（現・名誉教授），丹沢安治先生（現・中央大学教授），廣石忠司先生，蔡芢錫先生，福原康司先生，間嶋崇先生をはじめとした多くの経営系列の先生方や他系列の先生方のおかげで，研究者としての自分を強く意識することができた。また，専修大学の職員の方々には，いつもあふれんばかりのサポートをいただいている。彼ら彼女らのおかげで，円滑に研究活動を継続することができている。

専修大学の研究制度を利用して，１年間および半年の合計２回の在外研究に恵まれた。2003年9月から2004年8月までの１年間，University of California Los Angeles（UCLA）のAnderson Business Schoolでは，Schollhammer先

生にスポンサーになっていただき，類まれな研究環境をいただいた。本書の完成間近なところで先生が亡くなられたのは残念でならない。また，Jacoby先生から人間味あふれるアドバイスをいただいた。2017年9月から2018年3月までTrinity College Dublin（TCD）では，Blennan先生にスポンサーになっていただき，学際的な情報交換ができる環境をいただいた。本書はこのTCDで行った，平成29年度専修大学中期研究員の成果の一部である。日本国内では，どうしても視野が狭くなってしまいがちであるが，こうして日本を離れる機会に恵まれたため，日本企業や自身を客観的に観察することができた。両校の先生方やスタッフの方々に感謝申し上げたい。

　忙しい中，本研究のために時間を割いていただき，快くインタビューに応じていただいた方々にも御礼申し上げたい。こちらの言葉が足りなかったことが少なくないのであるが，文脈を読み取ってくださったおかげで，短い時間ではあったが，良い対話ができたと思っている。

　私のアイディアを育む上で欠かせなかったのが，実務で活躍している友人達である。様々な業種，業界，職種の最先端で働いている彼らの言葉は，大変勉強になった。とりわけ，現在，一緒に授業に取り組んでいる，会計士であり経営コンサルタントである笹村正彦氏からは，たくさんのヒントをいただいた。

　私と一緒に学んだ，大学院生や学部の学生にも感謝したい。修士課程の最初の学生である長嶋浩平さんをはじめ，その後，中村友里絵さん，庄さん，権さん，そして，博士課程の学生である塗茂克也さんとの議論から，自分の荒削りのアイディアが磨かれた。また，本書で示した内容は，出版前に授業で公開してきた。ここでの学生との対話のおかげで，本書の内容が洗練されたと思っている。

　出版事情が大変悪い中，本書の出版を快くお引き受けいただいただけでなく，なかなか出されない原稿に対して辛抱強くお付き合いいただいた，中央経済社の納見伸之氏にも厚く御礼申し上げたい。

　最後に，私事であるが，本書の書き始めは，長男の誕生と前後する。すなわち，本書の執筆中は，息子の世話をしたり遊んだりすることが，家族内ではことさら期待されている期間であった。本書が日の目を見ていることは，

つまり，それだけ妻と息子にしわ寄せがある証である。本書を家族に捧げたい。

2019年9月吉日

　　　　　　　　　　　　　　　　　秋風が心地よい生田山上にて
　　　　　　　　　　　　　　　　　　　　　　馬場　杉夫

目　次

はじめに：単に個を活かせばよいということではない／i

第 I 部　問題提起と深耕

第1章　これまでも個を活かす議論は行われてきた ── 3
- 1.1　経営学前史　4
- 1.2　従業員を中心とした議論への変化　7
- 1.3　従業員が主役となる議論　10
- 1.4　本章のまとめ　11

第2章　個の時代の到来：個は活かさなければならない ── 13
- 2.1　環境変化への対応　14
- 2.2　多品種少量化・グローバル化　20
- 2.3　価値創造の担い手　22
- 2.4　個を活かすための社会的仕組みの定着　23
- 2.5　本章のまとめ　28

第3章　個の主体性を活かす方法の本質：機会を与える ── 31
- 3.1　個を活かすとは　32
- 3.2　個を活かすマネジメントの概要　34
- 3.3　本章のまとめ　44

第4章　変化する組織化の意義と求められる組織の力 ── 47
- 4.1　従来の組織化の意義とその変遷　49
- 4.2　生産性，イノベーション，社会性を生み出す協調行動と内部競争行動　53
- 4.3　組織化の意義の具体的検討　55
- 4.4　組織化が意味をもたらす条件とは　59

4.5 本章のまとめ　63

第5章　組織の中で期待に応えられない個人：個は活かされていない　65

5.1 低い日本の1人当たりGDPと労働生産性　66

5.2 ヒット商品は続かない　70

5.3 かつての高業績企業の業績低迷　72

5.4 実際に個が活かされていない局面　74

5.5 個が活かされていないと組織不祥事を起こす　81

5.6 本章のまとめ　83

第Ⅰ部のまとめ　85

第Ⅱ部　問題の特定

第6章　直面する3つの壁　89

6.1 個が活きない3つの局面　90

6.2 個は本質的に防衛的思考に支配されている　91

6.3 集団や組織が個の主体性を阻害してしまう　93

6.4 市場が個の主体性を発揮した結果を受け入れない　97

6.5 問題点の整理　100

6.6 3つの局面はすべて内在的かつ両局面ともに必要としている　102

6.7 3つすべてを解決して個を活かすマネジメントが機能する　104

6.8 個を活かすだけでは，価値を創れない　106

6.9 本章のまとめ　107

第7章　自己の壁　109

7.1 自己の壁とは　110

7.2 自己の壁の問題の難しさ　114

7.3 自己の壁を乗り越える研究　116

7.4 自己の壁を乗り越える方策の限界　124

7.5 本章のまとめ　127

第8章 組織の壁 ──────────────── 129

- 8.1 組織の壁とは　130
- 8.2 組織の壁の問題の難しさ　134
- 8.3 組織の壁を乗り越える研究　138
- 8.4 壁を乗り越える方策の課題　146
- 8.5 本章のまとめ　149

第9章 市場の壁 ──────────────── 151

- 9.1 市場の壁とは　152
- 9.2 市場の壁の問題の難しさ　155
- 9.3 市場の壁を乗り越える研究　158
- 9.4 壁を乗り越える方策の課題　164
- 9.5 本章のまとめ　166

第Ⅱ部のまとめ　168

第Ⅲ部　解決に向けて

第10章　3つの壁への対処方法 ──────────── 173

- 10.1 新たな取り組みへ踏み出しにくいことへの対処法　174
- 10.2 壁への具体的対処事例　177
- 10.3 理論研究へのインプリケーション　181
- 10.4 幸せな職業生活に向けて　184
- 10.5 本章のまとめ　185

終章　結論：第Ⅲ部のまとめにかえて ─────────── 187

おわりに：失敗は繰り返された／191

第 I 部 問題提起と深耕

「問題をみつけることは，
　　　それを解くよりももっと本質だ」
——Albert Einstein

　　我々は，直面する課題に常に対峙している。その課題解決に日々対処している。課題は容易なものもあれば，極めて困難なものもある。

　　自分自身や自身が所属しているコミュニティ，さらには，社会や地球にとって深刻な問題であり，かつ，解決しなくてはならないものは，その問題の本質を見抜く必要がある。なぜ，それが問題になるのか，なぜ，その問題が生じたのか，その問題はどのような構造になっているのか。これらのことは，時間の流れとともに，刻一刻と変化している。以前は問題ではなかったことが問題になってきていることは少なくない。また，問題の質が変化するケースもある。

　　問題に対して深く取り組まなければならない理由は，表面的な解決策が全く効果を生み出さないからである。問題の本質を見極め，その根源を断ち切らないと，必ず再発する。例えば，道路が陥没し大きな穴が開いてしまったとしよう。危ないので，早速土で埋めてアスファルト舗装をし直すという解決方法をとった。この場合，陥没した原因が分からなければ，再び陥没するリスクを常に負い続けることになってしまう。

　　個を活かすことは，「企業は人なり」に従えば，当たり前の取り組みである。しかし，この取り組みが本当に個に関わる問題の解決策になりうるのであろうか。また，他の方法はないの

であろうか。いつも個を活かすことが求められているのであろうか。こんな疑問を払拭するために，個を活かす，ということについてしっかりと理解しておく必要がある。

　まず第1部では，少し時間をかけて，この問題を掘り下げていこう。

第1章

これまでも個を活かす議論は行われてきた

本章の狙い

- 個に対してどのような議論が展開され，どのような問題が解決されてきたかを確認する。

　過去に起きたことが再び繰り返されることはよくあることだ。Bismarckが言ったとされる「賢人は人の経験から学ぶ」を実践するためには，少し回り道かもしれないが，これまでの議論を理解しておく必要があるであろう。

- 過去の議論の視点から，今，求められている個への期待を明確にする。

　経営学の知識の寿命は，他の学問領域と比して短いと筆者は考えている。知識の寿命が短いということは，学んだ知識を直接活用できる期間が短いことを意味している。今学んだ知識が，10年後，20年後も等しく価値をもたらすとは限らないのである。しかしながら，知識の寿命を延ばすことは可能であるとも考えている。どのような状況で有効であるかも含めた知識を身につけることによって，条件がどのように変わったのかが認識できれば，応用することが可能であろう。過去の議論をしっかり理解することで，これから訪れる未来の状況に応用することが可能となる。

本章を読む前の準備運動

- これまで，どのような議論が個に対して行われてきたのだろうか。

　自分が身につけている経営学の知識の中で，個が関わっているものは何かを認識することで，この章で述べられる内容を理解する準備となろう。

- 現在，組織が抱えている課題は，これまでの研究から解決の糸口はつかめていないのだろうか。

　どの問題が解決され，どの問題が解決されていないかの線引きをすることで，これまでの議論を整理することとなろう。

組織は人によって構成されている。組織における個の問題は，いつ生じたのだろうか。多くの学問が時代の影響を受けて深化してきたことに鑑みると，組織を円滑に機能させるために，個へ働きかけることへの探求は，数千年の歴史があると言っても過言ではない。時代を少しさかのぼってみたい。狩猟によって生活を支えていた時代，農耕によって生活が安定してきた時代，権力者によって巨大な建築物が造られた時代においても，組織が存在していたことを想像することは容易である。

本章では，歴史的に，また，経営管理論の範疇から，個がどのように扱われてきたのかを明らかにし，今，解決していかなければならない課題の範囲を絞っていくこととする。

1.1 経営学前史

経営学の祖は，一般的にTaylorと言われている。Taylor以前，組織の中の人は，人々の問題意識から外れていたのであろうか。

1.1.1 論語にみる組織の中の個人

かつての歴史の教科書には，四大文明の名前が輝いていた。筆者は子供心に，昔の知識水準の高さに驚愕と畏敬の念を抱いていた。ところが，その後の歴史研究の成果で，実に多くの古代文明が紀元前に勃興し，衰退していることが指摘された。世界中，様々なところに人間が集積し，社会を形成し，組織を営んでいたことは明らかである。

組織がある以上，必然的に組織と組織を構成する人に関係する問題が発生することになる。それぞれの文明において，組織や組織を構成する人の問題に人々がどのように対処してきたのかは明確ではない。現在まで残されている情報量の多さから，中国の儒教の始祖である孔子の教えを紐解いてみよう。当時の人に対する考え方を想像する上で参考になる。

ここでは，彼らが主張した内容を厳密に精査することを目的としていない。あくまでも，当時考えられていたことと，本書で取り上げる問題がどのような関係になっているのか，また，それぞれをどのように位置づければよいか

把握することを目指している。そのため，一般的な概論だけを紹介しよう。

孔子やその弟子達の教えは『論語』にまとめられている。論語は20編からなり，その多くに，孔子やその弟子達が物事の本質を語った短い文章が示されている。内容は，正義に言及したものや倫理的内容が多いが，その中から，組織の中の個を活かすことに関わるものがある。例えば以下の2つの文章がある。

> 第1編－5
> 「千乗の国を治めるには，何事もつつしんで，信用されるように，費用を節約して，みんなをかわいがり，人民を使うには，時節をみはからうこと。」
> 国を構成している人民を大切にする必要性が指摘されている。

> 第6編－18
> 「分かるというものは，すきなものに及びませんし，すきなものは楽しむものに及びません。」
> 個を活かすためには，好きで楽しむといった，個の内発的動機づけにはたらきかけることの重要性が指摘されている。

このほか，信賞必罰を表現した内容（第12編－16）や，誰もが学習により良い方向（場合によっては悪い方向）へ成長する（第17編－2）といった，個を活かしていくための考え方に関わる内容も含まれる。

彼らが主張したことの背景にある「組織」は，主として「国」であり，国家間の競争に打ち勝つことや国の繁栄を願ったものと推察できる。一方，自身として，国家を超えて人類の繁栄を願っているようにも感じられる。

彼らの主張は力強いものではあるが，科学的に検証されているものではない。また，彼らの主張が，どのような経緯で，なぜ発信されたのかは正確に分からない。その意味において，多くの含意がもたらされる言明ではあるものの，企業経営の範疇で，実証に基づいた理論構築がなされたわけではなかったと言えよう。

日本においても，かつての戦国武将である武田信玄は，「人は石垣，人は城」と言ったと『甲陽軍鑑』に記されている。当時から，人の重要性が認識されていたことの証であるものの，哲学者の主張と同様に解釈することができる。

1.1.2 古典的経済学における個

組織の経済活動の結果を体系的に取り上げたのは，経済学が最初であろう。現在の経済学をさかのぼると，Smith［1791］に行きつく。彼が著した『国富論』の中で言及されているのが，有名な「分業」である。

分業は，労働のプロセスを分割し，それぞれに対して従業員の活動を集中させることで，個々の技能が高まり，生産性が向上することを意味する。個々の活動は明確に見えないものの，個がもたらす労働力を取り上げている。

この考え方においては，従業員は労働力を提供する重要な存在ではあるものの，個人個人が尊重されているわけではない。言うなれば，労働力をまかなえるのであれば，特定の個人でなくてもかまわない。いわゆる，経済人モデルと呼ばれる人間像である。

経済人モデルでは，個を活かすというよりはむしろ，個の総体を活かすことを考えている。個人を活かすミクロの問題には触れていない。すなわち，個の総体としての労働力や生産性の重要性が指摘されている。その点，個の働きは評価され，また，個の重要性は認識されているものの，あくまでもマクロとして個の総体の労働力を扱っているものであり，「個々」を扱う議論にまでは及んでいない。

1.1.3 初期の経営学における個

個を活かす議論は，経営学の歴史が始まってから常につきまとってきた。経営学の父と呼ばれるTaylor［1911, 2006］は，企業と個の双方にとって望ましい姿として，『科学的管理法』を著した。優れた個が，唯一最善の方法で積極的に取り組み，その対価として相応の賃金をもらうことで，個を活かすことができると主張している。

個は労働力としてのみ捉えられ，使用者の「主」に対する「従」の関係が明瞭で，トップダウンのマネジメントのみが想定されていることがうかがえる。この点，経済学で見られる個の扱いに近似していると言えよう。

経営管理の父と呼ばれるFayol［1916, 1979］は，Taylorよりも個に関する記述が少ない。問題とした対象が，Taylorは工場の中での管理監督であっ

たのに対し，Fayolは，企業全体を意識したからであると考えられる。ただ，従業員に関しては，計画を遂行するために集められ，その遂行を担う存在と考えられていた。その点，労働力としての期待を感じる。一方，Taylorと大きく異なる点は，従業員の創意工夫を引き出すことも視野に入れている点である。計画の成功のためには，従業員の創意力が欠かせないという管理原則が示されている。

　Fayolの主張でも，計画遂行にあたっては，トップダウンが想定されている。創意工夫も，計画を実現させるために必要とされており，計画作成に求められているわけではない。そのため，個の創意工夫は，与えられている職務を遂行する上で求められる範囲内のものであると考えられる。また，どのようにして創意工夫を引き出すかについては，特に詳述されていない。理念的に掲げられているにすぎない。

1.2　従業員を中心とした議論への変化

　経営管理論の発展の歴史に鑑みると，経営管理論は，科学的管理法からホーソン研究を発端とした人間関係論へ展開する。その中で，従業員に焦点をあてた流れは，人間関係論，さらに発展させた組織行動論へと通じている。

1.2.1　人間関係論における個

　人間関係論は，ホーソン研究をきっかけとして発展した。その論点は，科学的管理法へのアンチテーゼとも呼べるものであった。主たる提唱者の一人であるRoethlisberger [1941] から，その内容を少し検討してみたい。

　ホーソン研究で，これまでの見方と大きく変わったものの1つが，人間の捉え方であった。人間を，単なるインプットに対してアウトプットを生み出す存在とする見方から，態度（感情）を介してアウトプットを出す存在とする見方へと転換した。感情は人によって異なるために，個々に面接をし，状況を把握することが，現場の管理監督者に求められる。これまでは労働力としての総体を意識した管理方法であったが，個々の状況に応じた管理を行うことで，計画の遂行や生産性が高まることが示唆された。

このことから，従業員のマネジメントについて，より個を意識したものへと変化したとともに，個への高い期待を感じとることができる。一方，期待の中身は，労働力の範疇を超えていない。あくまでも，個が不満なく働くことができるようにするために，個々の従業員としっかりコミュニケーションを図ることが提唱された。これまでより少ない従業員数で同程度の労働力を，あるいは，同じ従業員数でより大きな労働力を引き出すことが可能であることが示されているにすぎない。

1.2.2 組織行動論における個

では人間関係論を展開させた組織行動論はどうであろうか。人を動機づけることを対象にした研究は，その結果として生産性が向上することで企業に貢献する。その点，研究の主眼ではないかもしれないが，企業における労働力の増大に結びつく。

これらの研究の萌芽となったMaslow［1954，1970］は，人間は，生きていくために必要だから働きたいという欲求が湧き出し，それを満たすことで動機づけられることを示しただけではなかった。組織という「社会に所属する」欲求や，その中で「承認される」欲求，さらには，最上位に位置づけられる，創造的な取り組みを内包する「自己実現」の欲求を充足させることで，人は動機づけられることをMaslowは示した。

Maslowの理論は，検証が試みられたものの，十分に検証されなかったと言われている。しかし，Maslowの理論によって，これまで従業員に対して労働力の増大だけを期待していたものから，創造的活動をも期待できるようになった。

この考え方を発展させて職場に応用したのが，McGregor［1960］であった。ここでは，従業員尊重の思想が前面に出てきている。生活上多くの欲求が満たされた人達に対して，自身の興味のために，また，自身の達成欲求を満たすために仕事に取り組むことが推奨された。すなわち，人間を前向きに捉えることの必要性に言及した。企業内の問題解決に求められる創意工夫が，一部の人達だけのものではないことも指摘している。

労働力に焦点があてられていた研究から，労働の質が問われるようになっ

てきており，より個が活き活きと描かれた。しかしながら，この視点も，提唱されただけであり，十分な検証が積み上げられてはいない。

科学的検証と反証が繰り返された動機づけの考え方の1つが，Herzberg［1966］が提唱した二要因論である。二要因論の検証と反証は，当初，工場労働者を対象としたものが主流であったが，次第に多くの職種に拡張されてきた。その背景には，満足に影響を及ぼすとされる動機づけの要因に，関連する仕事の内容が変化してきたことが関係していると思われる。また研究対象は，工場労働者から，達成感を味わうことができる挑戦的な職種に従事している従業員へと拡大した。実際に働いている労働者のうち，工場労働者の割合が減少し，オフィスワーカーの割合が高まってきたことが関連している。

人間が，報酬なしで仕事そのものに興味があって取り組む動機づけに焦点をあてたのが，Deci［1975］が提唱した内発的動機づけである。ここでは，人は，外的な報酬なしで仕事に取り組むことがあることが示された。その重要なカギは，有能感（自身がその活動によって「できる」と感じること）と自己決定感（自分で決めて自分で動かしていること）であった。

この指摘により，企業内の業務において，自ら進んで，また，自由に創意工夫に取り組むといった動機の存在が明らかになった。この研究の流れを受けて，個が取り組む仕事の内容は，飛躍的に拡大していく。

1.2.3　仕事内容の改善

仕事内容の拡大は，1960年代以降の世界的なQWL（Quality of Working Life）運動とも同調した。奥林［2011］によると，仕事条件の改善だけではなく，仕事内容から見直された。また，中條［2011］によると，日本では，品質改善や生産性向上への期待と重なり，現場の労働者が自律的に改善活動に取り組むQC（Quality Control）サークルが提案された。すでに浸透していたPDCAの枠組みのC（Check）からA（Action）にQCサークル活動が組み合わさり，品質向上とコスト削減に大きく貢献し，日本の工場の競争力の源泉となった。そのことは，労働力としての従業員から，資源としての従業員への転換の萌芽となったことを意味する。自発的な取り組みは，内発的動機づけにも通じるものであり，生きがい，働きがいをも生み出した。また，

QWLの観点から，労働力としての人間からの脱却にも寄与したと考えられる。

しかし，あくまでも計画を実現させるトップダウン型が念頭に置かれているもので，従業員が計画の立案に関わるような内容ではない。以前と比べて従業員の創造性が活かされるようになってきているが，その範囲は限定的であった。

1.3 従業員が主役となる議論

1990年代に向けて，2つのアプローチから従業員の働きが戦略的に大きく貢献することが明らかになる。1つは，戦略プロセスであり，もう1つは，資源ベース理論である。

1.3.1 戦略プロセスにおける現場の役割

戦略プロセスで一大センセーションを起こしたのが，Mintzberg & Waters［1985］やMintzberg et al.［2009］が示した創発的戦略である。これ以前は，分析的に戦略を策定することに目を奪われてきた。しかし，実際の戦略プロセスでは，戦略が意図的に取り組まれたものだけで構築されていないことが指摘された。同様に，Burgelman［1991, 2002］もインテルで行ったフィールドスタディから，経営者によって誘導されない，自律的戦略の存在を明らかにしている。

これまでの仕組みでは，戦略を考えることに関わる人は，経営企画室や社長室の担当者やその責任を担う経営者に限られ，トップ層の指示やトップ層の意思決定によって戦略が策定されるとされてきた。しかし，Mintzbergや Burgelmanの指摘によって，広く一般従業員も戦略の策定に関わる可能性があることが提示された。

1.3.2 競争優位の源泉となる資源としての従業員

Wernerfelt［1984］に端を発する資源ベース理論もまた，従業員が脚光を浴びるきっかけとなった。資源ベース理論を普及させた功績は，Barney

［1991，2002］によるところが大きい。Barneyの主張は，競争優位の源泉は，内部に保有する資源が，価値を持ち，希少であり，模倣が困難で，組織的側面に裏付けられている，というものである。

　これらをよりどころにして，Wright, McMahan & McWilliams［1994］，Lado & Wilson［1994］，そしてKamoche［1996］は，人的資源管理が，持続的競争優位の源泉であると主張した。なぜならば，人的資源こそが価値を創り出し，他社との違いを明確にする模倣困難な資源だからである。

　これまで，労働力として，また，生産性の高い優れた労働力として注目されてきた従業員であるが，ここに，理論的に競争優位の源泉になりうる資源として従業員が位置づけられた。ただ，その資源の活用方法にまでは言及していない。

1.3.3　個を活かすマネジメントの提唱

　個を活かすことによって，企業が活力を取り戻し，競争優位を構築するという議論が登場するのは，その直後である。代表的な議論は，Bartlett & Ghoshal［1997］やPfeffer［1998］，馬場［1995，1996，2005］である。ここでは，どのようにマネジメントすれば個を活かせるのか，その必要性やプロセスが説明されている。その内容については，3章で詳述することとしたい。

　ここにきて，本質的な個を活かす議論が行われるようになった。その後約20年間にわたって，個を活かすための取り組みが実例とともに紹介され，それらは多くの企業で採用されている。個を活かしていかなければ，企業の存続が危ぶまれるからである。その環境要因などの必然性については，次章で説明していこう。

1.4　本章のまとめ

　従業員を活かす議論の歴史は古い。組織が作られ，人の働きによって組織の成果が左右されるようになってから，人を活かすことが課題の1つとなっていたと考えられる。このことは，『論語』にも反映されている。しかしながら，科学的に取り上げられていたわけではなかった。

人を活かすことを科学的に取り上げたのは，経済学や経営学の領域であった。いずれも初期の議論は，労働力として，また，トップが決めた計画の遂行を担う存在として取り上げられていた。すなわち，個の働きには，創造的業務が期待されておらず，労働力のみに限定されていた。

　ホーソン研究をきっかけとして，従業員の重要性が注目されるようになった。組織行動論では，当初は工場労働者の生産性の改善に焦点があてられていたものの，次第にその領域は拡大した。作業現場でも，従業員は，単に労働力としてのみ扱われるのではなく，品質の改善改良に役立つ存在として認知されていった。その点，従業員の働きは，創造的業務を担うまで拡大したものの，経営のプロセスにおいては，計画を実行する担い手の範囲を超えたものではなかった。

　戦略プロセスの実際の観察から，トップダウン以外にも，従業員が計画の策定に寄与することが明らかになった。また，企業の競争優位の源泉として，人的資源が扱われるようになった。このように，従業員の活躍の範囲が大きく拡大した。これらを足掛かりとして，個を活かす議論は，この20年にわたり活発に展開されている。

第2章

個の時代の到来：
個は活かさなければならない

本章の狙い

- **社会的要請から個を活かすことが期待されていることを理解する。**

  科学には，世の中をよくすることが期待されている。とりわけ社会科学に属する経営学は，その期待が大きいと考えている。本書で取り上げる問題は，実際に社会からその解決が期待されているのであろうか。もし，その期待が高ければ，問題を解決することの社会的意義は高い。

- **組織だけではなく，社会も個が活きることを支えようとしていることを理解する。**

  個が活きることが様々な場面で期待されているのであれば，社会は，自ずと個が活きやすいよう個を支える仕組みを作っていくはずである。もし，そのようなものが作られていなければ，社会は個が活きることを期待していないと言えるだろう。

本章を読む前の準備運動

- **現在，個を活かさなければならない理由はどこにあるだろうか。**

  個を活かさなければならないことを鵜呑みにしていないだろうか。組織も大切であるが，組織の中で個を活かした方がよいのはどうしてだろう。もし，個を活かさなければ，どのようなことが起きるだろうか，想像してみよう。

- **個を活かすための社会インフラにはどのようなものがあるだろうか。また，実際に，どのようなものが機能しているのだろうか。**

  個が活きることが重要であれば，社会は，個を活かす仕組みを作っているはずである。これまでは組織の力が強く，このような仕組みはなかなか見られなかったが，現在，個が活きることでできるようになった事例には，どのようなものがあるだろうか。

個を活かすことに関する研究は，マンパワーとしての個に注目するだけではなく，持続的競争優位の源泉になりうる資源としての個についても焦点があてられるようになった。個を活かす議論が行われるようになって，20年以上が経過した。今なお，個への期待はますます高まっているのだろうか。あるいは，個への期待は下火になってしまったのだろうか。本章では，これらについて確認していくこととする。

2.1 環境変化への対応

現在，企業が外部の環境に対して適応していくことが求められていることは，誰も否定しないであろう。そうした中で，環境が変わっていくことに，どのように対処していけばよいのであろうか。その対処の仕組みから，個を活かす必然性の1つを紐解いていこう。

2.1.1 経営理論が目指す外部環境と内部要因の整合性

企業の外部環境には，顧客を意味する市場状況だけではなく，経済環境や政治環境，それに，自然環境や社会，文化も含まれる。こういった考慮しなければならない環境が，ITの革新や物流網が整備されたことによってグローバルに広がり，企業活動に影響を及ぼしている。

経営理論では，ある一時点の環境に対して，企業が，できるだけ整合的な状況を実現させることで，企業のパフォーマンスが高まると考えられている。Aという環境であれば，aという戦略とa'という組織，a"という人的資源といった内部要因を整えることでパフォーマンスが高まるというロジックである。昨今の経営戦略論や経営組織論，人的資源管理論のほとんどすべては，このロジックを援用し，理論化している。例えば，Porter [1985] の価値連鎖の基本形も，5つの主活動に対して4つの支援活動が整合的に表現されている。

もし，環境がAからBに変化すると，環境との整合性が崩れ，業績が悪化する。そこでbやb'，b"へと内部要因を変化させることによって，業績は回復するはずである。つまり，できる限り速く，外部環境と内部要因，また

内部要因間の整合性を取り戻すことによって，企業業績が上向くことになる。スピード経営，素早い意思決定等の表現は，非整合的な状況からできるだけ早く整合的状態に戻そうとするものであり，それによって，ビジネスチャンスを逃すリスクを軽減したり，損失を最低限に抑えたりすることができる。

2.1.2 不連続に変化する外部環境

　現在，企業は，不連続に変化しているように見える経営環境に直面している。自然現象は，詳細に観察すると連続的に変化している。しかし，考慮すべき要因が多く，また，複雑に関係しているため，どのようなことが次に起きるのか，事実上予測することができない。自然環境の中には，まだまだそのメカニズムが十分に分かっていない現象もある。大きな災害の予測は，極めて難しい。自然現象に加えて，人が関わった社会現象もまた同様に複雑で，要因間の関係が明らかにされていないものがある。こうした自然現象や社会現象が組み合わさった企業の外部環境は，一部分だけ取り上げれば連続的に変化しているが，そのすべてを認識することができないことと，現象が十分に理解されていないこと，複雑に絡み合っていることによって，我々は不連続な変化に直面しているように感じているのである。

　こうした状態では，あらゆるところで常に整合的関係が崩れ，要因間にギャップが生じる可能性があると考えられる。外部の環境だけではなく，内部の要因に変化が突然生じたり，これまで認識されてこなかった要因が明らかになったり，重要ではないと思われていた要因が重要視されるようになったりすることも加わり，様相は混沌としている。

　そしてそのような環境下においては，不連続にギャップを埋める活動を断続的に進めていかなければならない。Hargadon & Sutton [2000] によれば，不連続な変化に対して，次から次へと新しいアイディアを取り込み，経営戦略を不連続に変えない限り，企業は，外部環境と内部要因との整合的状態に近づくことはないという。そしてそれを実現させるために，不連続に組織を変革させていく必要がある。

2.1.3　ギャップを埋めるためのトップダウンとボトムアップ

　不連続に変化する外部環境に対応するためには，大きく，トップダウンとボトムアップの対応方法が考えられる。清水［1990］は，変革のリーダーとしてトップの役割が最も重要であると指摘している。特に大きな変化が生じた場合には，大きな戦略転換や組織転換，人的資源の変更が求められる。このような大掛かりな変革には，最終的な権限を握っているトップの英断が欠かせない。

　しかし，トップダウン型だけでは限界があることを馬場［2002］が指摘してきた。トップのところに情報が到達し，トップが判断し，指示が末端に伝わるのには時間がかかるからである。変化の時代には，情報を認識するところと意思決定を行うところの距離が遠いほど，整合性を実現させることは困難となる。また，企業が扱う製品や，サービスを提供するラインが多様化すれば，トップやスタッフだけですべてのビジネスを詳細に理解し，適切な経営判断を行うことは事実上不可能に近い。

　それを実現するのが，可能な限り現場で判断し，可能な限り現場で対応する取り組みである。当座の対応をできるだけ早く現場で施すことで，ゆがんだ整合性を改善することが可能となるからである。今田［2003］も，従業員個人が自ら動いてボトムアップを実現させることが，取り残されない方法であると主張している。

　しかしながら，ボトムアップの場合，現場に任されている権限を超えると，責任ある立場の人が承認しない限り，修正や変更はオーソライズされない。言い換えれば，従業員からの情報や提案に対して，その直属マネージャーやさらにその上位のミドルマネージャーが重要な案件であると認めなければ，情報や提案は上層部に伝わらない。すなわち，集権化された組織でボトムアップを実現させるためには，中間層がその重要性を認識し，最終的にはトップからの承認が不可欠となることを意味している。

2.1.4　素早い整合性を現場で実現する個の主体性

　トップダウンであっても，ボトムアップであっても，受動的な姿勢では対

応が遅くなってしまう。このことを，それぞれのケースでシミュレートしてみよう。

トップダウンによる意思決定のパターンでは，トップが，自らによる市場の観察と下層部からあがってきた報告をもとに，企業が追い求める理想像と実際のギャップを認識し，ギャップ解消に向けた計画を考案し進めていく。戦略遂行に組織の変革が欠かせなければ，トップダウンで組織の変革が進められていく。

ここで，従業員が変革について受動的に捉え，計画に従うだけでは，おそらく，変革は思い通りに進まないであろう。変革を円滑に進めるためには，従業員がすぐさま変革の意義を理解し，何をすべきかをすぐに判断し，行動に移さなければならない。理解が遅れると，変革を進めようとしている人達からは抵抗勢力とみなされる。変革の意義を多くの人達が理解しなければ，変革のスピードは遅くなる。このケースでは，変革の発端はトップであるものの，従業員個人において，変革のための準備ができていることが望ましい。

一方，現場が，危機感を共有しながら上層へ向けて変革を促すというボトムアップのパターンも考えられる。現場の従業員1人1人がギャップを認識し，その解消に向けて自ら活動するケースがこれに該当する。この場合，従業員個人がすべての起点となりうる。

自身にゆだねられている権限の範囲ですぐに対応したり，直属マネージャーの権限の範囲内で指示を受けて対処したりする。このような自ら行動したり，自ら認識し素早く判断を仰いだり，指示を迅速に理解し行動したりするような主体的活動が，従業員個人が起点となるパターンに求められる。

多様化し変化が激しい時代には，いずれのケースにおいても現場で働く従業員が「指示待ち状況」では，変革は進まない。現場の人達が変革の準備を整えるとともに，変革に向けて自ら主体的に行動することによって，変革が実現すると考えられる。もちろん，現場だけではなく，トップやミドルもそれぞれの役割を十分に果たしていかなければならない。

2.1.5 事前と事後の個の主体的な活動

こうした個の主体性を活かしたスピード経営の対処方法について，馬場

［2002］の中からもう少し詳しく見ていこう。状況の変化に対して個が整合的状況を取り戻すための取り組みは，大きく2つある。1つは，変化に対してできるだけ早く対応する事後的な対応である。できる限り変化に早く対応するためには，変化が生じた状況をすぐに認識し，早急に対応策を講じ，それを実現していくことが求められる。上位下達の方法では，マネージャーに連絡し判断を仰ぐことになり，時間はより多くかかる。マネージャーの判断を待っている間に，どんどん整合性のゆがみが拡大してしまう。現場で接している個がその場で対応することができれば，このゆがみは，最小限にとどめることができる。個が常に変化に敏感であり，その対応を考え，実行できる状態を保つことが欠かせない。

　もう1つは，変化に対して事前的に対応するものである。将来を事前にある程度予測しながら，変化を先取りする方法である。予測に基づく行動は，間違ってしまう可能性も低くない。しかし，変化しそうだという心の準備をしておくことや，変化の兆しの段階で少しだけ対処しておくことで，整合性へのゆがみを修正するスピードは速いものとなる。そのためには，個々人が，常に環境変化に気を配り，変化する前に対策を取ろうとする心構えが求められる。

　事後的にせよ事前的にせよ，変化への対応は，個の活躍が大いに期待される局面であると言える。

2.1.6　実際には，実現できない整合性

　理論的には，トップダウンとボトムアップを組み合わせ，個が主体的に変化に対応したり，変化する前に対処することで，整合性のゆがみは早い段階で是正されるはずである。しかしながら，この仕組みはそれほど簡単ではない。

　整合性の1つの限界は，十川［1997］によると，ゆがみを正す時間にあるという。すぐにゆがみが解消されるわけではない。戦略を修正するには相応の時間を要するし，組織や人的資源の修正にも時間がかかる。それぞれが同時に修正できればよいが，順番に対処していたら，それだけ多くの時間を要する。修正している間も時間は経過しているために，また変化が生じてしま

うことさえ考えられる。変化が生じ，その適応プロセスの最中に，再び変化が起きてしまうほどそのスピードが速いため，適応行動自体に限界があることが指摘された。

　この現象をより詳しく見ていくと，要因が変化するスピードにも限界があることが分かる。清水［1990（pp.253-258）］は，判断において，外部環境や内部要因の変化や移動する速度の差を認識することが重要であると主張している。情報やカネはリアルタイムに変化するものの，モノは移動の時間を要するとともに，ヒトは場合によってはビザの取得時間を要する。さらには，ヒトの意識や，それらを集約して作られる制度や法律はなかなか変わらない。このように，外部や内部の要因が整合的にならない原因を示唆している。

　不連続に変化する外部環境に対して，内部要因だけを見ても，変化させることができるスピードが異なることにも気づく必要がある。戦略を変えようとして戦略が変わるスピードと，組織を変えようとして組織が変わるスピードと，従業員を変えようとして従業員が変わるスピードは，みな異なるのである。もちろん，自ら変わっていくスピードもそれぞれ異なる。

　変化の時代には，変えてよいものと変えてはいけないものについて対話する機会がある。戦略の柱となる，自社の価値や価値を実現させるためのビジョンについては，変えてはいけないものに分類されることが多い。その点，戦略の方向性や柱を大きく変えることはしないものの，具体的に取り組む方法については，適宜変化させることが肝要であると考えられる。環境が変化した場合，戦略の修正は，このビジョンを実現させるための方法にほかならない。これらは，可能な限りリアルタイムに変えていくことが期待される。

　これに対して，組織の変更はもう少し時間を要する。一時的な変更には，個人の配置転換や，臨時のプロジェクトチームを結成することで対処する。しかし大規模組織は，大きな組織変更を急に実施することはできない。人材を急に採用できないことや，他の業務との兼ね合いといった制約があるだけではなく，制度変更の中には，従業員への情報の共有といった，手続きに時間を要するものが多いからである。

　さらには，従業員が新たに必要な能力を身につけるように言われて，すぐに身につけることができるものとできないものとがある。人間の能力は毎日，

わずかずつしか変えることができないのである。加えて，人間の意識や性格に関連する場合は，もっと時間を要したり，時間をかけても変えることができなかったりする。

このように，要因が変化するスピードが異なるため，要因間の完璧な整合性は実現できない可能性が極めて高い。しかし，経営戦略論や経営組織論が指摘しているように，可能な限りの整合性実現を追求していくことが望ましい。少しでもギャップを小さくし，整合性を実現させるために，トップダウンとボトムアップの取り組みを円滑に機能させていく必要がある。

2.2 多品種少量化・グローバル化

環境が変化していくことに加え，企業が対象とする市場を細分化し，個々に対処することが求められてきている。また，市場は，グローバルにも広がりを見せており，それぞれの国や地域の状況に対処していく必要がある。

2.2.1 市場の細分化は現場の判断を求めている

モノがない時代や足りない時代には，市場は，1つあるいは高級・廉価といった基準で単純に区分けされていた。やがて，モノがあふれる時代になると，様々な視点で市場が細分化されるようになってきた。

細分化は，単に価格帯というだけではなく，例えば，用途や目的によって細かく行われる。それぞれ対象となる顧客が異なるため，マーケティングの方法や，製品の特徴も個々に対応する必要がある。

1つの大きな市場として捉えるのであれば，必要となるのは1つの判断になるが，2分割，3分割されれば，当然ながら，それぞれの環境や市場をどのように判断するかが問われる。また，同じ現象であっても，セグメンテーションが異なることで，判断が大きく異なることさえ生じることとなろう。この流れが，多品種少量生産へと拍車をかけることとなる。

それぞれの違いが大きくなければ，これらの判断を上層部がまとめて行うことができるかもしれない。これほどまでにモノがあふれた今日では，老若男女様々な顧客の違いをすべて把握することは難しい。さらに，若い男性や

女性の中でさえも多様な価値観が存在している中で，個々に対応することは，事実上不可能であると言わざるをえない。その結果，個々の市場に近いところにいる担当者が，可能な限りその場で判断することが肝要となる。

2.2.2　グローバル化は現場の判断を求めている

考慮しなければならない環境は，市場がグローバル化するとともに，ますます拡大してきている。従来，グローバル化への対応は，これまで開発した製品の簡略化であったり，わずかにカスタマイズしたりすることで対応してきた。ところが，昨今，それぞれの市場に合わせて対応することで，既存の製品と全く異なる製品として市場に投入することが少なくない。Ghemawat［2007］は，個々の国ごと，市場ごとの違いを反映させることで，成功につながると主張している。

さらに，Govindarajan & Trimble［2012］は，そのような海外向けに開発された製品を，再び自国へ取り込んでいくタイプのイノベーションを取り上げ，途上国における開発の重要性を改めて強調している。その背景には，Prahalad［2010］が指摘した，拡大を続けるBOP（Base of Pyramid）ビジネスへの注目があげられる。

こういった，グローバル市場の個々の特徴を製品やサービスに反映させるためには，それぞれをしっかり理解している現場による判断が必要となる。現地のことは現地でないと分からないのである。

多品種少量生産とグローバル市場での個々の対応には，現場の従業員の判断が欠かせない。セグメンテーションのすべてを，また，グローバル市場すべてをトップが把握することは，ほとんどのケースにおいて人間の能力の限界を超えてしまう。製品の数や地理的な広がりといった物理的なことに起因し，自身が経験していないことや，想像を超える現象が現場で生じていると考えられるからである。また，物理的距離が遠くなると，判断に時間差が生じ，変化への対応も遅くなりがちである。これらの現象は，現場への権限の委譲に拍車をかける結果となる。

2.3 価値創造の担い手

細分化された市場で変化に対応していくために，個が自ら活動することを問われているからこそ，個を活かしていかなければならないことを説明してきた。それでは，それぞれの場面においては，個は何に取り組んでいるのであろうか。これは，価値創造にほかならない。

2.3.1 イノベーションの実現はすべての人の役割

お客さんに対して，何かしら欲しいと思えるものを提供すること，あるいは，それを実現させるための組織的な仕組みを提供すること，これらは必ずしも責任ある立場の人や担当部署だけの仕事ではない。お互い協力して取り組んでいることはもちろんのことながら，企業内の公式・非公式のコミュニケーションを通じて，様々な部署の人達が，様々な場面で取り組んだ結果である。

こうした価値創造は，広い意味でのイノベーションを実現させた結果であると言える。イノベーションのプロセスから，現場での個の貢献を見ていこう。Utterback［1994］によると，イノベーションは，それを生み出すプロセスから大きく2つに分類されるという。1つは，新たな製品やサービスそのものを創り出すもので，プロダクトイノベーションと呼ばれている。もう1つは，創り出された製品やサービスをより多くの顧客に受け入れられるように，改善改良するプロセスイノベーションである。

前者のタイプは，主として，製品やサービス開発担当者の役割であるものの，製品化に至るプロセスで，多くの人達のアイディアが結集される。例えば，馬場［2009］の調査によると，小林製薬では，提案制度により実際にいくつかの製品が開発されている。すべての従業員に対して，これまでにない製品を提案することが期待されている。あるいは，グリコでは，開発担当者が，インフォーマル・コミュニケーションを用いて情報を持っている従業員へアクセスし，製品開発に向けたヒントを得ている。

後者のタイプは，従業員それぞれが，与えられている役割の中で改善・改

良を果たすことで実現する。その点，すべての従業員がその役割を担っていると言える。

2.3.2 戦略立案はすべての従業員に期待されている

すべての従業員がイノベーションを起こすことを期待されていることは，戦略プロセスの研究からも見出すことができる。経営戦略は，分析的に進めることが主流であるが，実現した戦略の結果を見ると，すべての戦略が分析的に進められて実現しているわけではないことが指摘されている。

例えば，Mintzberg & Waters［1985］は，意図的戦略に対して，創発的戦略という概念を示した。創発的戦略は，直感によって引き起こされるものであり，分析的に進められる意図的戦略と区別される。職務をこなしながら気づいた様々なアイディアが，実現された戦略に盛り込まれている。その多くは，現場の人達によるものであると考えられる。あるいは，Burgelman［1991］は，経営者によって導かれた誘発的戦略に対して，自律的戦略という概念を示している。自律的戦略は，経営者の意図を反映させずに，現場で実現してしまった戦略を指す。このように，創発的戦略や自律的戦略の担い手は，あらゆる従業員であることが分かる。

経営者の戦略的判断の重要性は，疑うところがない。しかし，現在取り組んでいる職務の中から，経営者によって策定された戦略に肉付けしたり，将来中核となる事業の種を創り出したりする役割は，すべての従業員に期待されているのである。

2.4　個を活かすための社会的仕組みの定着

個を活かす取り組みは，企業組織の中だけで行われているのであろうか。組織が迅速に対応するために，できるだけ現場で判断することが求められてきたと述べてきた。しかし，こういった大規模組織を想定せず，もっと小規模な組織や個人事業主に近い形態の場合，その場の自身の判断だけで対処することが可能となる。つまり，大規模組織よりも小規模組織や個人事業主の方が格段に素早い対応が可能であり，この点については有利であると考えら

れる。

　組織の判断を早くするスピード経営は，大規模組織を想定したものであるが，市場の細分化・グローバル化の問題は，その対象が必ずしも大規模組織であるとは限らない。また，オープンイノベーションが叫ばれている現在，価値創造についても，資源力が豊富で情報の交流を内部で盛んに行える大規模組織である必然性は下がってきた。

　もし，それが事実だとするならば，ベンチャーのような小規模組織を支える施策であったり，仕組みであったりするようなものが顕在化してきていると考えられる。まだまだ部分的な現象であるため，十分に体系化することはできないが，その発端を紹介し，組織の中でなくても個が活きやすくなってきていることを本節で示していきたい。

2.4.1　モジュール化の進展

　企業の活動をすべて組織の中で行うか，あるいは外部に委託するか，の判断は何が基準となっているのか。この問題に対して，組織の経済学と呼ばれる分野は，取引コストの概念を用いて多くの知見を提供してきた。例えば，Milgrom & Roberts [1992] がこの領域に関する代表的な入門書である。

　この観点から，Clark & Fujimoto [1991] によると，日本企業の強さは，組織と外部との組み合わせ能力よりも，組織内や組織と組織の間のすり合わせ能力にあることを指摘している。前者は，レゴブロックのように，インターフェースをそろえ，パーツとパーツを互いに組み合わせることで，新しいものを創り出す能力である。後者は，パーツとパーツの間で，相互に調整しながら製品を創り出す能力である。日本の製造業は，部品を内製化したり，系列のサプライヤーに協力したりしてもらうことで，競争力を構築してきた。

　ところが，グローバルな競争が激しくなる中で，内製や系列サプライヤーが割高となり，不利に働くことが生じた。つまり，外部に委託することでコスト削減に結びついたり，顧客に対して価値を提供できたりする場面が増えてきたのである。青木と安藤 [2002] が指摘した企業組織形態のモジュール化は，このことを示している。国領 [1999] によると，インターフェースが標準化された領域では，すなわち，すり合わせる必要性が少ない領域では，

モジュール化が進んだという。

その最たる現象が，EMS（Electronics Manufacturing Service）の台頭であろう。EMSは，電子機器の組み立てだけを担う企業として，台湾，中国において発展した。その影響力は，今や多くの人達の知るところとなっている。その結果，電子機器業界においては，早い段階から工場を持たないファブレスと呼ばれるスタイルで企業を運営することが可能となった。この方法は，必ずしも電子機器だけではなく，アパレルや飲料メーカーにも見られる。

大きな投資を必要とする生産部門を外部に委託することで，企業の規模をかなり小さくできるとともに，参入障壁は格段に低くなる。また，間接部門は，委託先企業で規模の経済が期待できることから，早期にモジュール化が進んだ。これらに加えて，今や開発部門や営業部門などのライン部門でさえ，外部委託することが可能となってきた。

その結果，たとえ規模が小さくても製造業として成立し，極端な場合では，個人でも大規模製造業に匹敵するビジネスを起こすことが可能となっていることをAnderson [2012] が指摘している。かつて家電産業と言えば，大規模企業が主役であったが，近年いくつかのブランドが，ごくごく小規模であるものの，注目されている。例えば，これまでなかった家電を創り出すことを目指しているバルミューダ（2003年設立），モノにインターネットを接続した製品開発を手掛けたCerevo（2008年設立），製品の企画・販売のみを行うUPQ（2015年設立）といった企業がある。

2.4.2　オープンイノベーションの浸透

イノベーションを実現するためには，十川 [2009] が主張しているように，メンバーの相互交流が欠かせない。資源力が豊富な大規模企業は，組織内部の相互交流を前提とするならば，質，量ともに充実している可能性が高い。質の面では，採用時において，大規模企業の人気が高く，人材の選択肢が広い。とりわけ，新卒採用では顕著である。量の側面においても，大規模企業内で交流がきちんと行われれば，情報交流の交点の数は，規模が小さい企業と比して多くなる。

ところが，Chesbrough [2006] が指摘しているように，相互交流は，昨

今，組織の境界を超えたオープンなスタイルが期待されている。交流先は企業内部だけではないのである。

では，どのような相手が考えられるであろうか。企業の外部との交流を考える場合，情報の流出といったリスクが伴う。そのため，何らかの秘密保持が可能な相手先が考えられる。例えば，秘密保持を前提とした提携先の企業である。相互にメリットがあれば，企業秘密流出のリスクは低くなる。また，アイディア探索レベルでは，Hippel［2005］が指摘しているように，顧客が創り出したものを持ち込んだり，顧客との相互交流の中から生み出されたりするものもある。

企業の枠を超えた交流を想定した場合，企業による情報管理が困難になってくる反面，交流の質が向上するとともに交流の幅も飛躍的に拡大する。こうした傾向は，大規模企業でなければできなかった情報交流が中小規模でも可能となり，中小規模が不利な側面を減退させた。

2.4.3 ベンチャー支援策の充実

人件費の高騰や高い法人税を嫌って，生産拠点や持ち株会社の拠点を日本から海外に移す動きが見られる。その結果，日本での雇用量が減少することを懸念し，とりわけバブル経済崩壊後，積極的にベンチャー支援策が打ち出されてきたものの，いくつかの要因によって十分に機能してこなかった。

将来のイノベーション創出をベンチャーが担っていることへの期待感もあり，さらなる基盤づくりが進められ，現在，ベンチャーを取り巻く環境は以前と比して整ってきた。資本金1円で株式会社を設立できるようになったり，大学発ベンチャーへの助成金も豊富に用意されるようになってきた。インキュベーション施設も充実し，多額の資金がなくてもオフィスが用意でき，また，サポートも受けることができるようになってきている。中小企業庁だけでなく，経済産業省や地方公共団体でも創業支援事業を大々的に取り上げ，ベンチャーがそれぞれのステージごとに適切な支援を受けることができるよう取り組んでいる。

このことは，個人を活かす追い風要因と言える。つまり，事業のアイディアがあれば，極めて少人数で，かつ資金力がなくても企業を興すことが可能

なのである。

2.4.4　個による働き方が認められてきた。

　日本では，大規模企業に勤めることで社会的地位が確保されることが多く，そのため，個で働くよりも組織，できれば大規模な組織で働くことが望ましいという考え方が深く浸透してきた。

　例えば，住宅ローンは，住宅金融公庫と銀行が主な貸し出し先であるが，不足分，あるいは金融機関の代わりに企業が貸し出す制度がある。また，大規模企業であれば，将来，収入面で困ることはなく，安泰であると思われていた。

　しかしながら，企業の住宅ローン補助制度には，デメリットが指摘されている。従業員が転職したい場合，企業への借金があるため転職しづらく，結果として従業員を無理やり企業へ縛り付ける制度となる。また企業側から見ると，インフレが生じている時代には，貸した金額の価値が年々低下していったため，負担は小さかった。しかし，デフレ時代には，貸した金額の価値が重くのしかかることになる。低金利時代になり，銀行の貸出金利が低くなり，企業から住宅取得のために借金をする意義が小さくなった。そのため，企業はこういった形の住宅補助を縮小してきている。安泰と言われた大規模企業であっても，買収合併や事実上の倒産といったニュースが定期的にネットを賑わしており，今日，大規模企業信仰は，かなり薄らいできているように感じる。

　その結果，個で働くこと，個が中心となる仕組みや現象が増えてきているのではないであろうか。個人の働き方も，かつて大規模企業に属することがステータスであった頃からは随分と様変わりしてきた。組織の中での出世よりも家庭を重視することを好む人も増え，イクメンが望ましいといった雰囲気も感じられる。このことは，ワークライフバランスやQOL(Quality of Life)の重要性が叫ばれ，その考えが浸透してきた結果であると言えるであろう。

　また，組織の枠を超えた活動も，いくつか見られるようになってきている。One Japanと呼ばれる大規模組織で働く人達の組織外での活動支援コミュニティが作られている。これまでは社内だけの活動であったものが，社外へと

その活動の場を広げている。異業種交流会といったコミュニティはこれまでもあったが，背景があまりにも違っていたり，互いをどこまで信用してよいのかはかりかねたりしているところがあった。その結果，当人同士の自己満足には結びつくが，しっかりとした情報交換が行われることは難しかった。しかし，ある程度の共通の基盤を持った人達のコミュニティでは，互いに信用し，実りある情報交流が行われる可能性が高まっている。

さらには，Pink［2001］が指摘した「フリーエージェント」としての働き方も増えてきている。個として独立し，個人事業主として働く方法である。また，昨今，副業へのハードルが下がってきているのは，こういった現象が社会的に認知されてきている証であると考えられる。

津田［1977］，間［1989］や三戸［1991］が指摘しているように，日本では集団主義が浸透し，企業の中で1つの共同体を形成してきた。そのため，世界的に見ると，個として取り組むことは，ややハードルが高かったと考えられる。しかしながら，個人として生きていくことが評価されるとともに，社会的にも大規模組織に所属する意義が後退してきているのである。

このように，社会の中でも個が活きる仕組みが定着しつつある。組織の中で個を活かすのか，組織に所属せず個を活かすのか，この問題については，3章と4章で検討していこう。

2.5　本章のまとめ

本章では，現在において，個を活かしていかなければならない必然性について確認してきた。

第1に，不連続に変化する環境変化に素早く対応するために，個を活かしていかなくてはならない。なぜならば，個を活かすことによって，外部の環境要因と内部の要因との間に常に生じるギャップを素早く解消し，整合関係を取り戻すことができるからである。変化に対して事後的であっても，事前的であっても，個が主体的に取り組むことによって，受動的な場合よりも早く対処が可能となる。もちろん，大規模な対応には，トップダウンによる取り組みが必要であることは言うまでもない。

ただし，こういった取り組みには限界がある。外部の環境要因が変化するスピードと内部の要因が変化するスピードが異なるため，完全な整合関係は事実上不可能だからである。それでも，できるだけ整合的な関係を目指すことが欠かせない。

　第2に，顧客のニーズの多様化やグローバル市場へ対処するために，個を活かしていく必要がある。モノがあふれている時代には，個々の顧客に細かく対処する必要がある。そういった細分化されている市場をすべて上層部で判断することは極めて困難である。グローバルに広がった市場での個々の顧客のニーズへの対処も同様である。

　第3に，新たな価値を創造していく役割を個が担っているために，個を活かしていく必要がある。プロダクトイノベーションとプロセスイノベーションのいずれに対しても，あらゆる従業員が関わることができる。これらを裏付けるように，戦略プロセスの議論では，創発的戦略や自律的戦略が提唱されている。

　第4に，個を活かす必然性は，社会全体に波及しており，必ずしも組織の中で個を活かすだけではなく，組織に所属しなくても個を活かすための制度が整ってきた。日本では，組み立て加工産業で内製化する傾向が強かったが，モジュール化が進展したことで，大規模組織でなくても組み立て加工に取り組めるようになってきた。また，オープンイノベーションの考え方が浸透し，資源力が乏しい中小規模の組織であっても交流の範囲が広がり，イノベーションのチャンスが拡大している。さらに，ベンチャー支援策も充実し，個が思いついたアイディアを個が自ら実現しやすくなってきた。こういった個による働きを認めるような社会的制度も整備されてきており，副業も認められるようになった。

　総じて，国領他［2011］が指摘しているように組織の運営方法は，命令・統制型から自律・分散・協調型への転換を余儀なくされている。個を活かす仕組みについては，次章で詳述することとしたい。また，社会の中で個を活かす仕組みが整ってくると，組織で働くインセンティブの低下につながる。改めて組織で働く意味や，組織の役割についても考えていく必要がでてきている。このことについては，4章で深く検討していくこととしたい。

第3章

個の主体性を活かす方法の本質:機会を与える

本章の狙い

- **本書で取り上げる個の活かし方を理解する。**

　1990年頃から主張されてきている「個を活かす」ことは,それまでとは変わってきていることを1章で指摘した。人によって「個を活かす」という言葉から連想する活動が異なると,本書で主張していることが伝わらない恐れがある。本書で取り上げる「個を活かす」ことは何かを明確にしたい。

- **個はどうやって活かされるのか。理論的枠組みを理解する。**

　上手にマネジメントを実践している人達は,必ずしも経営理論を身につけているわけではない。しかしながら,提唱された理論を通して経営現象を理解しようとすると,気づかなかった点や問題となる点が見えてくる。個を活かそうと思っていてもうまく活かせていない場合は,様々な気づきが得られるであろう。また,うまく活かせている場合でも,潜在的な問題が見つかるかもしれない。

本章を読む前の準備運動

- **個を活かすとはどのようなことだろうか。**

　1990年代から期待され始めた個を活かす取り組みとは,どのような特徴を持っているものだろうか。現在はどのように変わってきたのだろうか。自らが活き活きしている時のことを思い出してみよう。

- **個を活かすプロセスとはどのようなものだろうか。**

　個を活かすには,どうすればよいのだろうか。どのような取り組みによって個が活きたのか。最近の企業の具体的な事例からそのプロセスを考えてみよう。

個を活かす必然性が明らかになったところで，改めて，現在求められている個を活かすことの意味と，個を活かすマネジメントについて説明していくこととする。

3.1 個を活かすとは

近年の個を活かす議論は，いずれも個の主体的・能動的行動に根差したものである。個が活躍するという意味では，古くから「個を活かす」ことが注目されてきた。しかし，やらされている感の高いTaylorの時代とはその趣が大きく異なる。また，主体的・能動的行動は，参加によるモラール向上や，動機づけ施策によってやる気になっている状態と重なる部分もあるが，それだけではない。

組織において，現在求められている個を活かすとは，個の主体性の発揮にある。これは馬場［2005（p.100）］の中で，次のように定義している。「自らの意思決定に基づき，各自それぞれの目的を具体化するように行動する。その目的に沿った能動的行動が，自ら企業に，あるいは組織に働きかけることが個の主体性の発揮である」。このことを，2章で示した個を活かすことが望まれている外部環境要因から，改めて確認していこう。

3.1.1 環境変化への対応には主体的・能動的行動が欠かせない

議論の焦点は大きく3点であった。第1のポイントは，環境変化のスピードが速くなったことによる対応である。その対応方法として2点を指摘した。事後的対応と事前的行動である。すなわち，先端の現場従業員が事後的ながらも変化を察知し，可能な限り早く対応すること，および，事が起きる前に変化の兆しをいち早く察知し，行動を起こすことである。

自ら環境に対峙し，その変化を察知し，すぐに対応するためには，いわゆる指示待ち人間ではなく，自ら動ける主体的・能動的行動が求められる。外部環境が変化したことに対して，自らの仕事を他人事ではなく自分事として捉えるからこそ，敏感に感じ取ることができる。言われたことしかできない状態では，変化が生じても変化を認識できず，何事もなかったように同じこ

とに取り組んでいるだろう．指示待ち状態であれば，マネージャーの指示を待つだけで，自ら対応することはない．

　事前的対応は，より積極的な姿勢が問われる．まだ変化が起きるか起きないかという段階で行動することは，変化が起きないかもしれない可能性を含んでいる．もし，変化が起きない中で行動した場合は，勇み足となりかねない．そのような中で行動を起こし，変化に対して事前に準備を整える行動は，能動的・主体的でなければできない．

3.1.2　市場の細分化・グローバル化への対応には主体的・能動的行動が欠かせない

　第2のポイントは，市場の細分化・グローバル化への対応である．市場が細分化し，1つ1つのビジネスの規模が小さくなってきた．その中で，事業を取りまとめるミドルが，すべてのビジネスの細部にまで注意を払うことは物理的に難しい．また，自分自身が取り組んできたビジネスも様変わりし，自分が取り組んでこなかったことへも対処しなくてはならない．

　グローバル化もまた，同じ論理で，現場の判断が欠かせない．市場のグローバル化は，現地におけるローカル化が求められる．グローバルな取り組みであっても，市場は，地域ごとにニーズが異なる．製品の仕様だけではなく，製品の売り方，サービスの提供の仕方も変わってくる．こうした中で，個々の地域において，細かいところを1つ1つマネージャー，つまり階層上位の人にお伺いを立てながら進めていくと，判断のスピードが遅くなるだけではなく，現地の状況を十分に理解できていない人達の判断を仰ぐことにもつながる．さらには，本社の意向を確認するような行動は，時差の影響も受け，判断がますます遅くなりかねない．とりわけ，BOPビジネスは，本社のビジネスとは明らかに異なる視点が求められる．全社的な取り組みの中での位置づけに関わる方向性は，本社による判断が欠かせないが，現地のビジネスに具体的にどのように取り組むかについては，現地の従業員が自ら市場を見極め，自ら判断することが期待される．

　いずれの場合であっても，個々人が状況をしっかり理解し，自身で判断をしなくてはならない．このことは，まさに，個が主体的・能動的に取り組む

ことにほかならない。

3.1.3 価値創造には主体的・能動的行動が欠かせない

　第3のポイントは，様々な局面における現場の従業員による価値創造への期待である。新たなものを創り出す源泉は，個人のアイディアである。マネージャーの指示による創造は，マネージャーのアイディアの具現化と言える。そのようなスタイルでは，自ずとアイディアを出す人が限られてくる。限られた人達による取り組みよりも，できる限り多くの人達の取り組みの方がはるかに多くの創造が生まれる可能性が高い。

　加えて，創造においては，1つの大きな発明がイノベーションに結びつくことは稀である。1つ1つは小さくても，それらが積み重なって，全体として，より大きな価値を生むことが可能となる。

　そのためには，先端の従業員1人1人がしっかりと考え，自ら行動することが希求される。製造の現場だけでなく，1人1人が対峙するサービスの現場であれば，なおさら個々の従業員が提供するサービスが価値を創り出す。

　このように，個々の従業員が創造する価値を集約することで，企業の競争優位の源泉としての人的資源となる。資源ベース論の観点から，このような組織的活動が他社からの模倣を困難にし，自社ならではの価値を創造する。

　以上，現在の個を活かす必然性は，個の主体的・能動的行動を意味していることを確認した。それでは，個を活かすためのマネジメントはどのようなものだろうか。

3.2　個を活かすマネジメントの概要

　個を活かすマネジメントには，個の主体的・能動的行動を引き出し続けることが求められる。これについて筆者は，Bartlett & Ghoshal［1997］やPfeffer［1998］の議論を参照しながら，馬場［1996］で実証を試みた。このことを踏まえ，周辺の議論も含めて馬場［2005］において『個の主体性尊重のマネジメント』を主張し，さらにその問題を馬場［2007a］で修正し，実証してきた。ここでは，このモデルを簡単に紹介することとしたい。

第3章　個の主体性を活かす方法の本質：機会を与える　35

図表3-1　改定された個の主体性を尊重したマネジメントのプロセス

戦略からの働きかけ	機会の提供	評価とフィードバック	結果
第1段階 ビジョンの真の浸透 市場動向の認識	第2段階 権限委譲 （エンパワーメント）	第3段階 脱年功化 失敗に対する寛容 フィードバック	結果 個の主体性の発揮

出所：著者作成

　個を活かすのは、企業組織である。企業組織は、人、モノ、金、情報の4種類の資源を抱えている。個を活かす議論は、人的資源を最重要な資源として位置づけることが原点となる。なぜならば、人的資源が他の資源の組み合わせや運用を決めるからである。

　人的資源を重要な資源として位置づけた証左となるのが、雇用の保障である。雇用を守るという意味は、人的資源をモノや金のように、容易に売り買いや貸し借りができないことを意味するからである。

　雇用を保障した上で、3段階のプロセスで、個人の主体的・能動的パフォーマンスに結びつくことを、個の主体性を尊重したマネジメントのモデルは示している（図表3-1）。

　第1段階は、個の主体性や能動性を引き出し、それを組織にとって望ましいもの、また、市場にとって望ましいものへと転化させていく「戦略から個の意識への働きかけ」である。第2段階は、主体的・能動的行動を実現する「機会の提供」である。第3段階は、この機会を活かした個に対して、次の行動をもたらすための「評価とフィードバック」である。これらのプロセスを繰り返すことによって、「結果」として個人の主体性・能動性が発揮されていく。このプロセスをもう少し詳しく見ていくこととしたい。

3.2.1　個を活かすマネジメントの基盤となる働く意識の高揚と雇用保障

働くことへの意識を高めよう

　個人は、目的を持つ存在である。人間は、自らの意思決定に基づき、各自それぞれの目的を具体化するように、能動的に行動する。個の、本来持つ目的を実現させようという行動の表出によって、個の主体性が発揮されると考

えられる。その目的に沿った行動で自ら企業に，あるいは組織に働きかけることが，組織の中での個の主体性の発揮につながる。

　個の目的は，家族を大切にする，働く，趣味を楽しむなど，実に多岐にわたる。我々は，これらの目的を1つだけではなく，通常，複合的に組み合わせて生きている。

　働くことの目的も様々である。生活のため，社会と接するため，または社会の中で活躍の場を求めるため，仕事に取り組んでいる。そのため，関心が仕事の内容に向いているとは限らない。ただ，機械のように働き，給料をもらえれば満足する，といった場合，仕事の内容は問題にならない。組織に所属していることだけを求めている人にとっては，仕事に対してどのように取り組んでいても，大きな問題を感じることはないであろう。そのような人達には，職務に対して主体的・能動的に働きかける，という姿勢は期待できない。

　加えて，職務に対して関心があったとしても，それが曖昧であったり，弱いものであったりした場合，主体的・能動的に取り組むことは難しい。職務に対してしっかりとした意識を高め，仕事の内容に関心を持ち，それを明確にすることで初めて，自身の職務に対して，主体的・能動的に取り組むことが可能になろう。

　働くことに対して意識が向くことで，当事者意識が芽生え，経営戦略から個に働きかけていった場合，その意味を認識することができよう。自分の意識と戦略が同調することで，戦略への共感を引き出すことができる。意識が高まっていなければ，共感は引き出せない。場合によっては，戦略に対して反感を覚えることもあるかもしれない。しかし，そのような結果は，新たな戦略や戦略を修正する原動力になる。

　最も避けたい状態が，戦略への無関心である。与えられたままを受け入れることで，従順な従業員となる。やるべきことが明確であった時代には，マンパワーとしての従業員が期待され，従順さも従業員の1つの魅力となりうる。しかし，自ら考え，主体的に取り組むことが期待されている場合，従順さは，最も期待はずれの状態となろう。

　加えて，従順さは，不祥事に対して無力となりうる。目の前で起きている

非倫理的活動に対して，受け入れるのみで，それを防止したり，抑止したり，やっぱりおかしいと訴えたりして，大きな問題とならないようにする活動は，全く期待できないであろう。

雇用保障

　４種類の資源のうち最も重要なのは人的資源である，ということを証左しているものが，雇用の保障であると述べた。近年，人材を「人財」と表現する企業が増えてきているが，これでは，カネと同等の意味合いを含みかねないのではないかと危惧している。ただ，企業が人を大切にしたいという意識は伝わってくる。

　人を最重要視すること以外に，雇用保障をすることが個を活かすことの基盤となるのは，個を活かす必然性とも結びついているからである。個を活かす必然性から引き出される個の主体的・能動的行動は，個人に多くの責任を負わせる可能性が高い。変化に対して，マネージャーの判断を仰がずに，素早く自分で意思決定したり，細分化されているビジネスに自分の判断で取り組んだり，自らのアイディアをもとにして新たな製品開発や事業を提案し取り組むことにおいて，すべて，行動した従業員の責任が問われる。責任ある地位についている人達であれば，その責務を負うことは当然であろう。しかしながら，先端の従業員が，自分の仕事を失うほどの責務を負わされては，主体的・能動的行動に躊躇する人は少なくないであろう。雇用保障は，主体的・能動的行動を引き出す最低限の条件とも言える。

　この観点から見れば，労働契約上，期間の定めがあり，その期間における個々の行動が問われるような職場においては，雇用保障の意義は低減すると考えられる。プロスポーツの契約はその典型例である。個々の選手は，チームが勝つための行動が期待されているとともに，その行動を実現する責務を負っている。期待されている行動ができなければ，そのチームの勝利を願っているファンを裏切ることになる。本人に対してどのような行動や結果が期待されているか明確であり，その行動や結果が伴うことを前提として雇用契約が結ばれている。もし，そのような行動や結果をもたらすことができなければ，継続的な雇用は望めない。通常の企業でも，行動や結果が明確な特殊

な専門職においては，同じような雇用契約が結ばれていることがある。

　一方，たとえこのような契約をしたとしても，人を最重要な資源として扱うという意味では，選手として契約は打ち切っても，コーチやスタッフ，さらにはチームを運営するための職員として再雇用するといった方法で対応するチームがある。その場合は，当然ながら，待遇は大きく変わってくることとなる。

　現在の雇用保障は，企業への定着を促すために取り組んだ，高度成長時代の「年功序列」と併せて相乗効果を狙った「結果としての終身雇用」とは質的に異なる。年功的な賃金は，現在，入社後10年程度でほぼ終わっている。その結果，年功序列＋終身雇用によって，高い能力を備えた従業員の定着を促す機能は役割を終えている。

　雇用保障は定着を目的としていない。働いている従業員に対して，企業として従業員を大切にしているという姿勢を示すとともに，リスクを冒して失敗しても解雇されないライフラインとして，雇用保障は機能する。かつての雇用調整の手段としての出向や，事業の売却による転籍といった方法も，従業員と企業との間の信頼関係があれば，雇用保障の範疇に入ろう。

3.2.2　第1段階：戦略からの働きかけ

ビジョンの真の浸透を実現させよう

　企業組織の中で人間行動を考える場合，企業の持つ方向性，すなわち，ビジョンを考慮しなければならない。従業員が主体性を発揮し，各自勝手な目的意識を持ち，自由奔放に行動すれば，企業としての統率が取れなくなってしまう。不連続に変化する環境下において，企業内の人間行動を考える場合には，企業の進む方向性を明らかにし，そして個人の目的との適合がはかられなければならない。

　そのために，企業はビジョンを明確にするとともに，従業員にその内容を訴えかけていく必要がある。従業員に自社のビジョンは何かと問えば，多くの従業員は表面的な内容を回答することはできるであろう。ただ，それが意味するところは何か，なぜ自社がそのようなビジョンを掲げているのかまで理解させるためには，ビジョンを掲げるだけでなく，常日頃から，ビジョン

と実際の経営戦略や計画との関係を何度も繰り返し説明していかなければならない。

　ビジョンを理解するだけでは，個人の目的との適合までたどりつかない。企業が掲げたビジョンを理解した上で，それは面白い，ぜひ実現しようという個人の共感や共鳴を引き出して初めて，企業と個人の方向性は一致する。

　もし，自分自身の考えた取り組みをぜひ実現したい，しかし企業のビジョンとは大きく異なると言うのであれば，個はその企業ではなく，別の企業かあるいは自身で起業すればよい。個が社会の中でビジネスに取り組むための環境が整いつつあることは述べてきた。企業は，このような個にぜひ自社にとどまって欲しいのであれば，このような個が共感できるようなビジョンを構築し，訴えかけていく必要がある。

市場動向を個々人自ら認識しよう

　働くことへの意識を高め，企業のビジョンを深く理解するとともに，共感・共鳴したものを誰に対して具体化するかと問えば，それは，顧客である。ビジョンの実現は，顧客に向けたものでなければならず，個は，自社の顧客が何を期待しているのか，自ら認識しようと試みる必要がある。

　顧客とは，必ずしも自身が今抱えている事業の顧客だけとは限らない。他部門の顧客であっても，顧客から見れば同じ会社である。また，個はローテーションにより，いつ，他事業に配属されるか分からない。企業が取り組んでいる事業に対する顧客すべてが対象となる。

　また，ビジョンに照らして，企業が進むべき方向性と合致しているのであるならば，いまだ展開していない事業の将来の顧客も視野に入れておく必要がある。それが，企業の長期の存続を可能にする基盤となろう。いつまでも現在の事業が継続できるとは限らないからである。

　従業員が市場動向に目を向けることは，顧客を表面的に観察することとは限らない。顧客自身は，自分のニーズを必ずしも正確に認識していないからである。実際のサービスや製品に直面しないと，それが本当に求めていたものかどうかについて顧客が判断できない場合も少なくない。個の主体性が発揮される方向は，顧客の表面的なニーズに応える活動だけではなく，顧客志

向であることも求められているのである。

　このように，多くの従業員が市場を注視し，顧客の求めを察知しようとし，それを満たすことに向けて主体的・能動的に行動しようとすることが求められているのである。

　この市場動向の認識は，多くの場合，過去の延長線上で捉えられてしまう。前年度の計画の実施状況にならい，翌年度の計画が立てられる方法を採用しているからである。過去の延長線上で次期の計画を見直す場合，当初想定されていた目標に照らして行動を修正することはできても，根底から見直すことはなかなかできない。なぜならば，Argyris［1994］が指摘しているように，根底から考え直す場合，自分の存在意義すら否定しかねないからである。一方，前年の計画を参照せず，1から計画を立て直すとなると，莫大な手間，すなわちコストがかかってしまう。過去の計画を参照しながら，現在や将来の顧客の動向を予測し，常に修正を加える姿勢が問われている。組織を柔軟にし，個の主体性をしっかりと尊重し続け，従業員が常に市場動向に目を光らせていることが欠かせない。

市場動向の認識は大規模企業ほど求められる

　現在の企業のビジョンは，特に，大規模に多角展開しているほど，曖昧な傾向にある。ビジョンだけ見れば，どの企業のものか分からない。同じ産業内のどの企業にも当てはまるようなものが散見される。

　ビジョンが曖昧であれば，個人に訴えかけていく道筋ははっきりとしない。加えて，そのような状態では，現実の職務との乖離が大きく，主体性を発揮させる方向も定まらないことが少なくない。また，階層構造が色濃く残っている組織では，ビジョンに共感を持ち，それを実現させるために，政治的に行動することを擁護してしまうことも予測できる。

　これでは，個人が主体性を発揮し，スピード経営を実現したり，細分化された個々の職務に対峙したり，また，価値創造を実現させることには結びつきにくい。主体性を発揮するためには，個が何に向かって取り組む必要があるかをはっきりと意識する必要がある。

　この曖昧なビジョンを補うのが，顧客のニーズに応えることにほかならな

い。大規模企業ほど，具体的な実際の顧客の動向に注視することが求められる。

3.2.3　第2段階：組織による機会の提供

権限委譲

　個人と企業の方向性が，ビジョンの真の浸透によって一致するとともに，顧客目線を身につけたならば，主体性を現実のものとして確立するために，その目的の遂行を考えなければならない。そのためには，ビジョンに同調した個人と企業の方向性を実際に具現化するための機会が必要となる。

　指示通りの作業に取り組む場合，個人の主体的・能動的な行動は極めて限られてくる。自ら，何をどのように取り組めばよいか考える余地が与えられないからである。自身が考えた結果を実現するための機会が，個の主体的・能動的行動をもたらすためには欠かせない。

　従業員に与えられる機会としては，時間的なものから，金銭的なもの，あるいはプロセスなどいくつか考えられる。何を実現しなくてはいけないかを明示され，期限が定められれば，求められる結果をもたらすために，いつ，何を，どのように取り組むかについては，自由に考えることができる。そこに工夫の余地が生まれる。その際に生じる費用について，金額の上限が設定されていても，その中でやりくりできる余地があれば，工夫することが可能となる。

　これまでと同じビジネスに取り組む場合は，期限や方法，コストについても，ゆとりが与えられていない場合がほとんどである。これまでの結果から，どのように取り組めば，どのくらいの時間とコストがかかるかが分かっている。そのような場合，収益を追求するのであれば，最低限のコストと時間しか与えられない。しかし，個の判断が求められる新たな領域に踏み込むのであれば，主体的・能動的に取り組める範囲を広げなければ，個を活かすことはできない。

　このような機会の提供は，通常，マネージャーの権限を個に委譲することにあたる。大規模組織は事業や職能によって分業され，担当部署のマネージャーは，それぞれの部署に割り当てられた仕事を部下に割り当てていく。

割り当てる際に，いつまでに何をどのくらいのコストをかけて実現するかが問われる。つまり，マネージャーの責任において，職務を分担してもらっているのである。その意味において，部下は，基本的にマネージャーの権限が少なからず委譲されて職務遂行にあたっている。

ここで問題となるのは，あくまでも，主体的・能動的に行動する機会を与えるための権限委譲である。マネージャーの権限の分割ではなく，「任せて，自由に取り組んでもらう」ところがポイントとなる。それによって初めて，主体的・能動的行動をする機会が与えられる。当然ながら実際の責務は，マネージャーが負う。

エンパワーメント

同時に，機会だけを与えるのでは無責任であり，不十分である。個にその機会を十分に活かせる能力が備わっているとは限らないからである。マネージャーは，その機会を活かせるパワーも与える必要がある，というのがエンパワーメントの考え方である。時間を自由に使えるパワーであったり，ある程度の資金を活用するパワーであったり，やり方を探索するパワーであったりする。エンパワーメントに関する詳細な議論は青木［2006］に記述されている。

昨今，権限委譲＝エンパワーメントという誤解があるように思える。エンパワーメントが機能するのは，しっかりと自由度が与えられており，それを実現させるためのパワーまでもがマネージャーから付与されていることが重要となる。

3.2.4 第3段階：評価とフィードバック

このような個人の主体的活動を推進するためには，それを促すための評価とフィードバックが欠かせない。個人は，企業の中で継続的に活動しており，学習しながら取り組んでいる。評価し，フィードバックすることでより良い行動が期待される。

脱年功化

　主体性を発揮した結果は，人それぞれ大きく異なるものであるため，個々人が活動した異質な結果を，個々に評価する必要がある。日本で戦後普及した勤続年数に応じて給与や昇格させる仕組みは，個々の行動ではなく，入社年次を評価するものである。労働力不足の時代に，労働力確保という視点においては機能した仕組みであるが，個々の行動を評価し，より良い行動を引き出そうということにはつながらない。違う行動をしているにもかかわらず，同じような評価を下すことが続くと，従業員はどのような行動を企業が求めているのか分からず，求められている能力や行動を繰り返し出現させることが困難となろう。主体的・能動的に行動した結果を継続的に引き出すためには，個々の行動を個別に評価しなくてはならない。

失敗に対する寛容

　個がこれまでのやり方ではなく，主体的・能動的に新しい取り組みをした場合，それが，従来の取り組みから大きく異なれば異なるほど，大失敗とまではいかないまでも，成功することは難しいと考えられる。誰も試みたことのない取り組みであれば，試行錯誤を繰り返すことで，より良い結果がもたらされる。そのプロセスは，失敗の積み重ねである。場合によっては，大きな損失が生じてしまう場合さえある。

　外部環境の変化に対して，事前的に取り組む場合や，新たなものを創り出していく場合は，なおさらである。未知の領域における取り組みは，模索から始まるため，すぐに良い結果がもたらされない。また，事後的な対応であったとしても，その場の判断の責任が問われることになる。多品種少量化・グローバル化の中での個々の判断もまた，個人の責任が問われる。

　新しい取り組みへのリスクや，過度な責任を個人が負うような評価体系では，どうしてもリスク回避的な行動をとってしまうことは容易に想像がつく。これは，個人の主体的・能動的行動を阻害することに結びつく。

　新たな取り組みや，個々の判断を推奨するのであれば，失敗に対して寛容な評価が欠かせない。このことは，失敗を見逃す，あるいは，責任を取らなくてよい，ということではない。具体的には，敗者復活の道筋を明らかにし

ておく，失敗によるペナルティを限定する，成功につながる失敗を表彰するといった方法が行われている。

フィードバック

個人の主体的・能動的活動は，取り組んでいる本人が良かったのかどうか迷っていることが少なくない。素早い判断による行動や，個々のビジネスの判断，新たな取り組みといったことの結果が本当に実を結ぶのは，少し時間がたってからであることが多いからである。

かつて従業員の作業が個々によってあまり大きく異ならなかった頃は，どのような行動が良かったのか，全体に対してフィードバックすることが可能であった。個々人においても，自身の結果を他者と比較することはそれほど困難ではなく，自身で行動の良し悪しを判断することも可能であった。

しかしながら，個々の活動が多様になってくるほど，全体に対するフィードバックは，あくまでもチームの結果でしかない。個々の活動が良かったのかどうか，どのように修正・改善する必要性があるのかについては，個別にフィードバックする必要がある。

個々の活動があまり大きく違わなければ，個人に対するフィードバックは，結果だけ伝えれば，十分なフィードバックになっていた。個が主体的・能動的に行動した結果が異なれば異なるほど，そのフィードバックには，時間を要することとなる。

特に，マネージャーは，個々の活動を詳細に観察することは物理的にできない。そうした中で，個々人が何をやっているのか，何に取り組んでいるのかを理解するためにも，対話の時間は必要となる。こうした活動は，個人の主体的・能動的行動を承認することにつながり，継続的に行動を引き出すことに貢献する。

3.3 本章のまとめ

現在，個を活かすとは，個の主体性の発揮にあると言える。個が主体性を発揮した結果，外部環境の変化や多品種少量化・グローバル化に対応可能と

なるとともに，新たな価値を創造することができる。
　個を活かす基盤となるのは，働く意識を高め，雇用を保障することである。個の働く意識が弱ければ，主体的に取り組むことはあまり期待できない。また，従業員を大切にする姿勢の表明とリスクを負う従業員に対するライフラインとして，雇用を保障する必要がある。
　これらの基盤の上で，「個の主体性を尊重したマネジメント」を実施する。これを端的に説明すると，企業の方向性と個人の行動を同調させるようにビジョンを浸透させ，顧客に対する価値を提供するために，個が主体性を発揮する自由度を与える権限委譲を進め，その結果を個別に評価するとともに，その結果をフィードバックして次期へと活かしつつ，失敗に寛容になり，新しい挑戦がしやすい社内環境づくりを進めることである。このように個の主体性を尊重したマネジメントこそが，従業員のパフォーマンスを高めることができる。
　このことは，個の自由な発想を促し，誰もがそのチャンスに恵まれるように図ることが必要であることを示唆している。ただし，この取り組みは，必要条件ではあるが，十分条件にはならない。なぜならば，このことだけで顧客が望んでいるものを必ず生み出せるわけでないからである。また，個の活動だけで企業の業績を説明することはできない。個々の成果をつなぐ仕組みもまた重要な取り組みであるとともに，経営陣による判断も当然ながら重要である。企業は存続に向けて，企業の結果が望ましくなる確率をより高めることを1つ1つ取り組んでいかなければならない。

第4章

変化する組織化の意義と求められる組織の力

本章の狙い

- **人が組織を作る意味を確認する。**

  人はなぜ組織を作るのだろうか。組織を作ることによる利点が，組織を作らない場合よりも小さいものであれば，作られた組織はやがて崩壊することだろう。組織のために個が取り組んだことも，組織自体に意味がなければ，意義は薄くなる。本書で取り上げている「組織の中で個を活かす」という課題の前提となる疑問を，解決しておく必要がある。

- **個を活かすことで成果があがる組織の最低条件を明らかにする。**

  組織の中で個を活かさなくても，組織は存続できるのであろうか。社会の中で，個が組織に所属しなくても，個が活きることができるようになってきた。どのような条件が整えば，組織の中で個が活きる意義が生まれるのか，確認する必要がある。

本章を読む前の準備運動

- **人はこれまでどうして組織を作ってきたのだろうか。**

  狩猟をしている時代から，人は組織を作ってきた。人は，なぜ組織を作ってきたのだろうか。それが，組織と個人にどのような利点をもたらしているのか，考えてみよう。

- **今，組織を作る意味はこれまでと変わっていないだろうか。**

  組織を作る意味は，昔から変わっていないだろうか。今，あえて組織を作る必然性は，どのくらい大きいものだろうか。それが大きいのであれば，人は組織に所属し，組織は個を活かすことを考える意味があろう。

個は，自分自身を活かしやすくなってきた。アイディア次第で，大きなことを成し遂げる環境が整ってきたからである。そうした中で，あえて組織の中に自分の身を置いて取り組む必要があるのであろうか。

　大量生産大量販売の時代には，企業は，組織の大規模化を図り，規模の経済を追求することで生産性を向上させ，利益を獲得することが可能であった。つまり組織化し，組織の大規模化を実現させることは，企業にとって非常に魅力的な選択肢だったのである。

　ほとんどすべての大規模組織が規模の経済を目指してきたため，社会では，大規模化を前提とした仕組みが組み込まれた。大規模化は，個に多くの利点をもたらした。例えば，大規模組織の一員であることで，高い社会的地位を獲得した。また，そのような組織の給料は高かった。結果として，個人が組織に所属することの意義は極めて高かった。

　しかしながら，環境変化のスピードが加速する中で，組織の安全性や安定性に疑問がもたれるようになってきた。また，ニーズの多様化とともに，規模の経済があまり働かない局面が増えてきたように思える。かつてと比べて組織が安定的に業績を維持することは困難になってきている，という認識も広がっている。大企業は安定しているという神話は，昔の話となってきている。

　また，雇用は守られているものの，事業の再編成や立て直しを迫られるかつての優良企業が後を絶たない。多くのケースにおいて，事業の譲渡は，従業員の処遇の変化を伴っている。譲渡する側は，本体に戻ることを容認しつつ意思確認をするものの，長い間，その事業に携わってきた人から見れば，自身の経験が本体で活かせる見込みがないことに加え，居住地の問題もあり，譲渡される側への転籍を余儀なくされる。

　従業員は，自身の生活を守るために，組織の庇護を受けられると思っていたが，今の時代，大規模組織だからといって，その保証はない。それならば，個人は組織の中で個を活かすよりも，自分自身によって身を立てる方が賢明ではないだろうか。Barnard［1938, 1968］は，組織における協働を，個人単独で達成できない目的を達成しようとする個人の欲求に根差したものである，としている。これは，組織化し，協働することの意義が薄れたことを表

しているともとれる。このような状況下で，今なお大規模組織の活動について議論するためには，組織化する意義を改めて確認しておく必要がある。

4.1 従来の組織化の意義とその変遷

　組織は，太古の時代から形成されていた。人類の祖先が狩猟や生活のために群れで生活していたとするならば，人類の生誕以前から組織が作られてきたとも言える。つまり，個人ではできないことを組織で行うという発想の歴史は古い。

　人が組織を作る目的が，長い間，変わっていないとは考えにくい。組織化を図る意義が変化するプロセスをさかのぼることによって，現在，人が組織化を図る意義がより明瞭になると思われる。

4.1.1　個々の総和としての組織

　生物として群れで生活するという行動は，同一種族がすべて同じような行動をとる場合，遺伝子に組み込まれている可能性が高い。生まれながらにして，組織化するよう神によって仕組まれているのである。本書の議論は，当然ながらそのようなものではない。人は個人の意思により，個人で活動する場合もあれば，組織で活動する場合もある。その際，後者を選択するケースでは，どのような意図が働くかが問われている。

　生物としての社会的生活を営む場合を除いてもなお，集団で活動する歴史は長い。大規模な建造物を建設する，大規模な戦闘を行う，といった場合がそれにあたる。これらのケースは，当初，個人の力の総和とほぼ同等の労働力を欲していたと考えられる。50kgを持ち上げることができる人が2人いれば，100kgまで持ち上げることができる。1日で一反歩の田植えができる人が10人いれば，10倍の面積，あるいは10倍のスピードで田植えをすることができる。

　この場合，1人分の労働力を上回ることはないので，組織化の意義はそれほど大きいものではない。組織化の意義が高いのは，単に1人でできないことができるようになる場合ではなく，組織化することで，個々の総和以上の

パフォーマンスを生み出す場合である。

4.1.2 分業によって生産性が向上する

　協働が個々の総和を上回る現象を最初に指摘したのは，おそらくSmithではないだろうか。『国富論』原著第六版［1791］の翻訳本を紐解くと，冒頭で「労働の生産性が飛躍的に向上してきたのは分業の結果（p.7）」であると述べられている。分業によって生産性が向上する原因として，第1に個人の技能の向上，すなわち，専門化が図られること，第2に作業を変える時間の節減，第3に機器の発明である（pp.10-14）。このことを援用した組織化の意義は，分業の効果を高め，生産性を向上させることにあると言える。

　Fayol［1916，1979］は，分業された個々の活動の調整を図ることが重要であることに加えて，組織規模が大きくなるほど，すなわち分業が深化するほど，管理は難しくなり，そのために，管理者教育が必要であることを主張した。分業が深化すると，マネージャー1人が管理することのできる人数の限界から，組織は一般に階層化する。このような階層構造についてWeber［1956］は，伝統的あるいはカリスマ的支配と比べて，精確であるとともに信頼が高く，最も合理的な形態であると指摘している。なぜならば，各々の活動が明確に規定され，制定されたルールに基づいて支配されているからである。高度に階層化することによって，ある程度までは分業の効果を得ることができる。

　一方，階層構造，すなわち官僚制の問題もまた指摘されている。Weber［1918］自身も，官僚制がイノベーションを起こすことを困難にしている，と指摘している。また官僚制は，環境や条件が変化すると組織間の調整ができなくなることをMerton［1940］は指摘している。変化が生じる前は，良い取り組みであったものも，重要な変化に気づかなければ，間違った対応を引き起こすこととなる。このほかにMertonは，毎日決まりきったことを繰り返すことによって，人間の性格に変調を引き起こすことや，規則を守ることの目的化などの問題も指摘している。

　組織規模が拡大することによって，分業が深化し，生産性が向上するものの，やがて，その逆機能により均衡点が訪れることが予測される。利点が欠

点を上回るように調整された階層組織は，組織化を図ることによって，個人の総和以上の成果を期待することができる。かくして，企業は，長期の利益拡大を目指すために，分業の問題をできるだけ小さくしながら，組織を拡大させることとなる。

4.1.3 多角化によって生産性が向上する

分業を深化させ，規模を拡大することに加え，生産する製品の種類を増やすこともまた，生産性を向上させることが明らかになっている。1種類の製品を生産するよりも，2種類以上の製品を生産する方が，製品1つ当たりのコストが安くなる効果を，Teece［1980］やPanzar & Willig［1981］が範囲の経済と呼んだ。

企業が複数の事業へと展開する多角化は，この範囲の経済性を獲得していると考えられる。複数の事業にまたがる部分を共通にすることで，個々に事業を展開するよりも，より効率的に事業を運営することができるからである。

Ansoff［1988］は，多角化の際の相乗効果のことをシナジー効果と呼んだ。シナジー効果には，範囲の経済が期待できる事業で一部分を共有するだけではなく，それぞれの事業で通常以上の収益が期待できる効果も含んでいる。

多角化には，相応のリスクが伴う。これまで既存事業で培った知見が，新規に展開する事業でも通用するとは限らないからである。多角化を成功裏に進めるためには，範囲の経済やシナジー効果を高めることが肝要となる。換言すれば，範囲の経済やシナジー効果があまり期待できない領域では，リスク要因の方が高くなり，成功する確率が減退していく。

範囲の経済やシナジー効果がより期待できるのは，関連型の多角化である。技術要因や市場要因が共通することで，範囲の経済が期待できる。また，近い事業であるからこそ，双方にとってプラスとなる部分が加わる可能性も高い。例えば，映像技術が優れたメーカーが医療機器に展開した場合，他社よりも優れた解像度を持った付加価値の高い医療機器を開発することができるだろう。その場合，多くの映像に関わる部品が使われることになる。経験曲線の考え方を援用すれば，映像に関わる部品の累積生産量が高まり，単位当たりコストは低下し，映像部門においてコスト優位な状況が生じる。この事

例では，両者が関連することで，共有部分が発生しているだけではなく，通常以上の収益が発生することとなる。このことは，Rumelt［1974］，清水［1975］，吉原ほか［1981］で実証されている。

4.1.4 イノベーションを実現する組織

　事業を拡大させていくプロセスでは，経営者の能力や製品，あるいは要素市場，そして不確実性とリスクという観点からも成長に限界がある。この問題に対してPenrose［1959，1995］は，このような限界は，資源の不可分性や資源の専門性の未利用機会の活用や，新たな生産的サービスの創造により突破することができると主張した。すべての資源は適量に分割できるわけではない。工場にあるゆとりのスペースや余剰人員があれば，これらを活かせば成長を後押しする。また，それぞれの資源特有の専門性もすべて活かされるわけではない。空き時間には，専門性が求められない活用がなされる。これらを完全に利用することで成長する。また，経営者が拡大した組織の運営について誰かに権限を委譲すれば，新たに生産的サービスを提供できたり，従業員の学習によっても新たな生産的サービスが創られる。

　このことを組織的視点から展開しているのが，March & Simon［1958，1993］である。彼らは，ゴーイングコンサーンとしての企業組織において，組織継続のためのプランニングと，新たな取り組みとしてのイノベーションとを区別している。つまり，企業を存続させるためには，短期的に単なる生産性を追求するだけではなく，長期的に価値の創造，すなわち，イノベーションを引き起こしていくことが欠かせないことを示唆している。

　組織の存続に必要なイノベーションを実現するにあたり，個人で活動することよりも，組織で活動することが適切であれば，組織化することに合理性を伴うこととなる。もし，個人で活動した方がイノベーションを実現できるのであるならば，組織化する意義はない。

　イノベーション実現のためには，2章で述べているとおり，メンバーの相互交流が欠かせない。大規模企業であれば，従業員数が多く，情報交流が盛んに行われる条件は整っている。組織内で交流が存分に行われるのであれば，イノベーション実現のために組織を作る意義は高い。イノベーションに結び

つくように，March［1991］が指摘している組織活動の活用と探索を実現していく必要がある。

4.1.5 組織が存続することで社会性が向上する

企業は，生産性とイノベーションを追求した結果，大規模化し，また存続することにより，社会的存在となる。その結果，地域にはなくてはならない存在として埋め込まれ，長期にわたり働く従業員には，生活の場が提供される。企業は，社会的に大きな期待を背負うこととなるのである。こういった企業の社会性は，岡本，古川，佐藤，馬場［2012（pp.43-51）］が述べているように，近年の良い企業の基準の1つとなっている。

組織が存続していくプロセスで社会との関わりが大きくなるほど，社会性が高く求められる。このことは，同時に，組織を構成している人々にとって，組織化を継続するインセンティブとなりうる。社会に貢献している組織の構成員であることの誇りが生まれるからである。

このように，人々は，生産性の向上とイノベーションを狙うとともに，組織が長期にわたって存続することによって，社会性をも得ることを期待して組織化を図ることとなる。

4.2 生産性，イノベーション，社会性を生み出す協調行動と内部競争行動

組織では，2人以上の人達が協働している（Barnard［1938, 1968］）。そこで行われる活動には，協調行動と内部競争行動が考えられる。

協調行動では，互いに協力することによって，1人で行う以上の成果を生み出すことを期待している。協力して共通の目的を実現させるために，仲間と取り組む行動である。互いに能力を補完しあったり，協力することで能力を増幅させたりすることによって，生産性の向上やイノベーションをもたらすことができる。また，より多くの人達と協調することで目的を達成した場合，その喜びをより多くの人達と分かち合うことができる。

一方，協調することが目的化してしまい，本来の組織の目的から逸脱してしまう可能性もある。組織においては，メンバー同士が仲良くなると，イン

図表4-1　組織内における協調行動と内部競争行動による組織目標の達成

組織の狙い		生産性	イノベーション	社会性
個人の行動	協調行動	仲間と協力して上手に取り組む	仲間と協力してイノベーションを生む	みんなで分かち合い，もっと大きな喜びを得る
	内部競争行動	ライバルよりも上手に取り組む	ライバルよりも成果の高いイノベーションを生む	より広い領域で（多くの人と）争い，より良い成果を得る

出所：著者作成

フォーマルな活動がフォーマルな活動を上回ってしまうことがたびたび生じるが，そのような仲良しクラブのようなものが，デメリットとして考えられる。

　内部競争行動では，互いに競争相手（ライバル）として意識することによって，1人で行う以上の成果を生み出すことを期待している。組織の目的をより高いレベルで実現させるために，ライバルと取り組む行動である。ライバル同士が互いに切磋琢磨することで，互いの能力の向上が図られる。また，結果を生むまでのプロセスが厳しい場合，1人で取り組むとくじけてしまうが，ライバルがいるからこそ最後まで努力し続けることができる。あるいは，勝負をはっきりさせることは，ゲーム的要素をプレイヤーにもたらし，楽しさを増幅させる効果があると考えられる。楽しさが加わることで，継続して取り組むことができる。その結果，より高いレベルの成果が期待できる。

　一方，競争が激しくなると，組織の目的から逸脱し，個人としての成果が強調される可能性がある。その結果，ライバルを出し抜いたり，邪魔をしたりする行動が引き起こされる。競争が激しい職場では，競争による疲弊がよく指摘されるが，これは内部競争行動のデメリットとして考えられる。

　このように組織では，個人が，個人による協調行動と内部競争行動を組み合わせて，生産性，イノベーション，社会性を実現させている（図表4-1）。

4.3 組織化の意義の具体的検討

　人々が組織化することの目的には，生産性向上の側面とイノベーションの側面があり，結果として社会的な側面が加わるように変わってきている。企業が実際に取り組む生産性向上の側面とイノベーションの側面について，協調行動や内部競争行動がどのように期待されているのか，また，結果として社会性がどのように生じているのかについて，これまで指摘されてきた素材を用いて検討し，その利点と逆機能を見ていくこととする。

4.3.1　生産性向上の側面：分業

　生産性向上の側面において，人々が組織化する最も古典的テーマは分業であろう。経済学では，単純に，分業をすれば生産性が向上するという命題が成り立つかもしれないが，実際には，様々なプロセスを経て生産性が向上する。

　分業とは，個々人や部署がすべての作業を行うのではなく，一連の作業プロセスの一部に特化して，専門的に作業を行うことである。そのため，作業プロセスを円滑に行う必要がある。分業された作業間の調整を円滑に行うためには，協調行動が欠かせない。調整に多大なるコストがかかるようであれば，分業の効果は大きく減退してしまう。

　分業された作業内においても，同じ作業を行う人達には協調行動が求められよう。同じ作業を行う個々の従業員が共有する作業が多いほど，共有部分において協調行動が求められる。例えば，組み立てを行う製造ラインにおいて，部品の配置の仕方や作業を終えたものを次のステップに運ぶ作業は，同じ作業を行う人達の間で，共有されている。ここでは，個々にとって都合の良いやり方ではなく，同じ作業を行うすべての人にとって望ましいやり方が求められる。営業活動においても，営業活動に必要な情報は，同じ営業活動を行っている従業員の中で，協調して共有することが欠かせない。

　同じ作業を行っている人達にとって，互いを意識し，競争行動を促すことも，生産性を高める。隣で同じような作業を行っている場合，ライバルがよ

り良い結果を残していれば，通常，心中穏やかでいられないであろう。それも，その成果によって，個々人の人事査定が大きく異なるような状況であれば，なおさらである。競争相手は，具体的な人物かもしれないし，また，実体の無い数字かもしれない。自分と同じ程度の能力と目される，あるいは，様々な原因により，互いを意識している相手であれば，誰もが負けたくないと思うであろう。目標となるのは，同じ作業を行っている人達の平均的な数字かもしれないし，トップの人の数字かもしれない。もしかしたら，ビリにならないようにすることかもしれない。メンバーを見回して，みんなが優秀に見えた場合，少なくともビリにはなりたくないと思った読者もいることであろう。

　協調行動が行き過ぎ，組織本来の目的から逸脱し，馴れ合いやみんなと一緒に取り組むことの楽しさばかりを追い求めるようになると，協調行動の効果は減退してしまう。また，過度の競争は，相手にプラスになる情報を隠蔽し，相手を蹴落とす行動を引き起こすこととなる。

4.3.2　生産性向上の側面：多角化

　単一事業だけでは，やがてビジネスの寿命を迎え，組織は衰退してしまう。組織の存続を図るためには，既存事業の技術や市場を活かしながら，新規事業へ展開し，多角化していくことが望ましい。

　多角化した組織は，分社化や事業部制組織といった分権化した構造を採用することが多い。なぜならば，性格の異なる事業を同時に運営する集権的構造では，調整しなくてはいけない部分が多くなるからである。また，新規事業では，Christensen［1997］が指摘しているイノベーションのジレンマに陥る可能性もあり，既存事業と分ける形態が望ましい。

　一方，範囲の経済やシナジー効果を獲得するためには，事業間で調整しなくてはならない。事業間で共通する機能を明確に切り離すことができれば，事業と切り離して部署を設置することで対処が可能である。難しいのは，事業間で共通する部分がありながらも，明確に切り離せない機能がある場合である。この場合は，事業間で調整する必要がでてくる。このように，多角化した場合には，事業内での協調・競争だけではなく，事業間の協調・競争が

行われる。

　事業内での協調・競争行動は，前節の分業と同様である。とりわけ事業間の協調行動は，共通する機能を明確に切り離せない場合に求められる。分権化されている組織は，同じ企業グループや同じ企業であっても，それぞれ独立して運営される。そうした中で，範囲の経済やシナジー効果を生み出すためには，事業横断的な仕組みを作り，相互の事業で協調し，より効率的な運営を目指すこととなろう。

　一方，事業は独立して運営されるため，事業と事業の間で競争し，互いに切磋琢磨することになる。事業間の競争は，単に業績だけではなく，それぞれの事業担当者の昇進・昇格レースにも結び付く。内部組織において適切な競争を実現できれば，その事業が，企業にとって将来の核となる事業へ成長する可能性が高まる。

　競争が激しくなると，分権化された組織の事業間の協調行動は困難になり，競争による効果を半減させることとなる。分権化された組織では，権限が委譲された事業と事業の間が明確に仕切られている。だからこそ，分権化の効果が発揮できる一方で，事業間で協調行動を実現することは容易ではない。多くのケースで，それぞれの事業の中で重なる部分があり，組織全体から見ると非効率的な運営を行っている。また，事業間の競争が激しくなるあまり，情報の共有化が行われないことが少なくない。

4.3.3　イノベーションの側面：多様性と交流

　イノベーションの実現において，近年，注目されている取り組みが，多様性の促進である。同じような発想をするメンバーとのディスカッションよりも，多様なメンバーとのディスカッションの方が斬新なアイディアを生む可能性が高まる，という発想に基づいている。

　また，イノベーションは，人と人との交流によって実現する。より多くのイノベーションを実現させるためには，交流の頻度を高める必要がある。数年に1回の交流を毎年行うことで，また不定期に行っていた交流を定期的に行うことで，問題の発見や気づきが生じやすくなろう。

　多様性を進めることによってイノベーションを促すためには，異なる考え

を持った人達が協調行動をとることで，新たなものを創出することが可能となろう。組織目的に照らして，求められる課題解決に向けて異なる人達が互いに課題解決を図ることが，イノベーションへと結びつく。異なる発想だけを主張し続けると，議論の終着点が見えなくなってしまう。共通の目的をしっかり認識し，その実現に向けた協調行動が期待される。

　また，関連する人達が，互いに自分が他のメンバーとは異なる点を意識して競争行動をとることで，より多様な意見が出される可能性が高まる。すなわち，協調しながらも，ライバルとは異なる意見を出そうと目指すことで，議論は活発になり，よりイノベーティブな成果へと結びつく可能性が高まる。

　このように，交流に多様性をもたらすことで，交流の質を良くするとともに，交流の頻度を高めることで，イノベーションを実現しやすくなると考えられる。

　協調行動や内部競争行動が目標を逸脱してしまった場合には，分業効果と同様に，その効果は減退してしまう。とりわけ多様化が進みすぎると，その組織は混沌とし，その調整には膨大なコストがかかる。単に多様性を進めればよいか，と言うと，分業同様に，それほど安易なものでもないことが分かる。

4.3.4　社会的側面

　従業員は，企業組織というコミュニティに所属し，互いに協調し，生産性を高めるとともに，イノベーションを実現させる。自身が1人で取り組んではできないほどのパフォーマンスを得ることで，相応の達成感を得ることができるであろう。その達成感を協調した他のメンバーと一緒に分かち合うことは，つまり，相互に個々のパフォーマンスを認め合うことにつながる。自分自身の満足に加え，仲間からの承認が加わることで，より大きな喜びを得ることができよう。組織規模が拡大するほど，よりたくさんの仲間から認められ，その喜びは一層大きなものとなる。

　同様に，従業員は，企業組織というコミュニティの中で互いに競争もしている。1つの企業の中に同じ地位はない。また，同じ仕事もない。地位や仕事を獲得するために争うことが考えられる。また，組織への貢献度を競うこ

とも考えられる。近い内容の仕事に取り組んでいる中で，どちらがより大きく貢献することができるかが問われる。あるいは，同じチームの中において，異なる役割を担っていた場合，誰がチームに最も貢献したのかが問われる。

競争状態にある場合，1人で取り組む時と異なり，一般的により高いパフォーマンスを発揮することができる。100mを1人で走る場合と，同じような走力を持った8人が同時に一緒に走る場合，後者の方が良いタイムがでる可能性が高い。

さらに，お互いに競争相手を意識し，お互いにその力を認め合っている場合，その当事者同士はライバルと表現される。ライバルを意識するからこそ，1人で取り組む場合と比べて，苦しいことも乗り越えられ，大きな成果を獲得できる。より多くのライバルと競争することで，負けられない意識が醸成され，個人にとってより高いパフォーマンスの発揮が期待できる。

協調や競争によって組織にもたらされた成果が期待どおりのものであれば，社会における企業の地位を高める。その結果，その地域において，さらには，国内や海外において，その組織の一員であることを誇りに思えるようになる。これが，社会的側面における動機づけとなるのである。

4.4 組織化が意味をもたらす条件とは

組織化を図り大規模化させる意義は，企業のためだけにあるのではなく，所属する個人にとっても意義がなければならない。人はなぜ組織を大規模化させるのか。あるいは，大規模な状態を維持しようとするのか。企業組織を今，存続させる意義はどこにあるのか。その必然性はどこにあるのか。その理由は，単純に言えば，個人1人ではできないからであり，1人で事業に取り組むよりもより大きな効果が期待できるからである。これまでの議論を踏まえ，改めて組織化の意義を精査していこう。

組織化を図るためには，個人と企業の双方にとって組織化することで得られるベネフィットが高くなければならない。ここでいうベネフィットは，議論の簡素化を図るために，指摘した逆機能を差し引いたものとしたい。個人の視点では，1人で活動することによって得られるベネフィットと，企業組

織の一員となったからこそ得られるベネフィットが比較される。すなわち，もし，

> 個人1人で得られる　＞　企業組織の一員として得られる
> 　ベネフィット　　　　　　　　　ベネフィット

であれば，個人は企業組織に属することは合理的ではない。また，もし，

> 個人1人で得られる　＜　企業組織の一員として得られる
> 　ベネフィット　　　　　　　　　ベネフィット

となれば，個人は，通常，企業組織に所属することを目指すこととなろう。

一方，企業の視点では，組織化することで得られるベネフィットと，個人の総和としてのベネフィットが比較される。すなわち，もし，

> 個人活動によって得られる　＞　組織化したことで得られる
> 　ベネフィットの総和　　　　　　　ベネフィット

となれば，組織を存続させる意義は小さい。組織を分断し，それらを寄せ集めた方がベネフィットが高ければ，何も手間をかけて組織化する必然性はない。また，もし，

> 個人活動によって得られる　＜　組織化したことで得られる
> 　ベネフィットの総和　　　　　　　ベネフィット

となれば，組織化を図り，存続させる意義は高い。以上の内容を図で示したものが**図表4-2**である。問題となるのは，いずれかの立場においてのみ意義が認められる【B】と【C】のパターンである。このパターンでは，組織と個人の利害が一致しない。

4.4.1　すべて個人で活動【A】

企業は，個による生産性・イノベーション・社会性を引き出せない。個は，企業内で協調や競争して生産性やイノベーション・社会性が得られない。自分で活動をする方が，生産性やイノベーション・社会性が得られる。

第 4 章　変化する組織化の意義と求められる組織の力　61

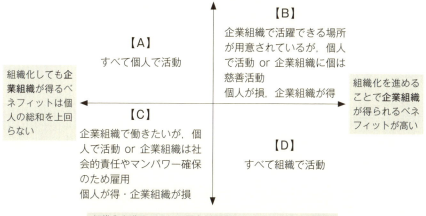

図表4-2　事業における組織化の条件

出所：著者作成

　ここでは，個人の視点においても企業の視点においても組織化する意義が認められず，すべて個人で活動することとなる。個々の作業1つ1つで事業が成り立ち，1人で十分に活躍できる。作業規模こそ小さいが，1人の卓越した匠が生産性向上とイノベーションを生み，その結果として，社会的にもそのことが認められる。

4.4.2　組織化の意義は組織として高く個として低い【B】

　企業は個を活かし，生産性・イノベーション・社会性を獲得できる。しかしながら，個は，企業内で協調や競争して生産性やイノベーション・社会性が得られない。自分で活動をする方が，生産性やイノベーション・社会性が得られる。

　ここでは，個人が企業組織に所属していれば，個人は企業組織から離れられずにいる。個人が企業組織に属していることによってベネフィットが多く生み出される，と間違った認識をしている可能性がある。あるいは，個人が企業組織のために犠牲となって企業組織に属している可能性がある。この状態は，個人にとって慈善活動の側面を含んでいることになる。

また，個人で活動しているのであれば，企業は個人を雇って組織化を図りたいと思っているが，残念ながら，個人は企業組織に属する意義が相対的に小さい，と認識している。このような企業では，従業員は定着せず，組織は崩壊する。

この場合，企業は組織を維持するために，組織化することによって個人のベネフィットが高まるよう取り組み，そのことを個人に伝える必要があろう。それによって利害の不一致が解消される。すなわち，個人の協調行動や内部競争行動が，個人で働くよりも，より多くの生産性向上やイノベーション，その結果として社会性を生むように取り組み，そのメリットを個人に伝えていかなければならない。

4.4.3 組織化の意義は組織として低く個として高い【C】

Cの状態は，次のとおりである。企業は，個によって生産性もイノベーションも社会性も引き出せない。個は，自分で活動するよりも，組織の中で取り組んだ方が，協調し，競争することで生産性・イノベーション・社会性を実現できる。

ここでは，企業組織が存在しているのであれば，組織化のメリットが企業の視点からはないにもかかわらず，すなわち，多くの人が集まったことによるシナジーがないにもかかわらず，企業組織が無理やり存続している。企業が組織を解体できずにいる。企業が，組織化によってベネフィットが生み出されると間違った認識をしている可能性がある。あるいは，企業はマンパワー確保のためだけに形式的に組織化しているか，企業が雇用を維持するという従業員への責任から組織化が継続されている可能性がある。

また，組織化が図られず，個人で活動しているのであれば，個人は企業組織に属したいと思っているが，残念ながら，企業組織として事業を継続する意義がない領域である。

この場合，個人は企業に対して，組織化することによってベネフィットが高まるよう働きかけ，そのことを伝えることで，利害の不一致が解消される。すなわち，個人は，互いの協調・内部競争行動によって，個人の集合よりも生産性が高く，より多くのイノベーションが実現し，その結果，社会性を生

むことをアピールしなければならない。

4.4.4 組織化の意義は組織と個の双方にとって高い【D】

Dの状態は，次のとおりである。企業は個を活かし，生産性・イノベーション・社会性を獲得できる。個は，自分で活動するよりも，組織の中で取り組んだ方が，協調し，競争することで生産性・イノベーション・社会性を実現できる。

ここでは，個人の視点においても企業の視点においても，組織化する意義が認められ，一般的に企業組織で活動することとなる。個々の作業が組み合わさることで事業が成り立ち，企業組織で取り組む複合的な作業の意義は高い。組み合わさなければ事業が成り立たない状況であり，1人では決してできないものを扱っている。複数の人達が協働して，生産性向上とイノベーションを生み，その結果として，社会的にもそのことが認められる。

4.4.5 組織化に関わる利害の不一致の原因

利害の不一致が生じた形態が発生する原因の1つは，認識の問題である。個人が正しく認識していないか，企業組織が正しく認識していない。組織化を存続させるためには，変化する状況に絶えず対応していくことが求められる。

原因のもう1つは，慈善活動である。個人がコストをかけて企業組織のために取り組んだり，企業組織がコストをかけて個人のために奉仕したりする。慈善活動は，短期的には許容されるものの，長期にわたり継続する場合は脆弱なものである。このような状況であれば，早急に改善することが望まれる。

4.5 本章のまとめ

昨今，企業組織における個人の活動に注目が集まるとともに，極端に言えば，個人だけの活動であったとしても，十分に企業組織と同等の成果を生む可能性が高まってきた。そのような中で，本章では，改めて組織化の意義について個人と企業の双方の視点から検討を加えた。

企業が組織化を図る意義は，生産性向上とイノベーションであり，その結果としての社会性である。また，そこで期待される個人の活動は，協調行動と内部競争行動であった。主として生産性を追及するために取り組まれる分業および多角化と，主としてイノベーションを追及するために取り組まれる多様性と交流の頻度の観点から，協調行動と内部競争行動が取り組まれる様子を説明した。同時に，その結果として社会性がもたらされることを示してきた。

　検討の結果，個人と企業組織双方にとって，安定的に個人で活動する，あるいは企業組織で活動する領域があるものの，組織化した場合，個人あるいは企業組織のいずれかがデメリットを被る領域があることが示された。企業組織がその存続を図るためには，組織化の意義が，個人の視点，企業の視点の双方において継続するように働きかけていく必要があろう。

　大規模組織において，実際に従業員の協調行動と内部競争行動を促すのは，ミドルである。ミドルは部下に協調行動と内部競争行動を適切に取り組ませながら，生産性の向上やイノベーションの実現，社会性をも視野に入れるとともに，協調行動や内部競争行動の逆機能をも考慮に入れて指示をださなければならない。

第5章

組織の中で期待に応えられない個人：
個は活かされていない

本章の狙い

- **実際に個は活かされていないのか，確認する。**

　個の主体性を活かそうという提唱は，30年近く前から始まっている。もし，産業界が真摯にそれを受け止めてきたのであれば，個を活かす取り組みは，ある程度，浸透していると考えられる。個を活かそうと思っているが，活かされていないのか，何か特別な事情があり活かそうとしていないのか。本書で取り上げている課題が本当に解決しなくてはいけない課題なのかどうか，確認する必要がある。

本章を読む前の準備運動

- **個が活かされていない事例には，どのようなものがあるだろうか。**

　個が活かされていない事例を考えてみよう。その事例は，活かそうとしているが，活かされていないのか。実は，活かす必要がほとんどないのか。事例から改めて，個を活かす必然性を感じ取ろう。

- **もし個が活かされていないのであれば，その理由はどのようなものだろうか。**

　個の主体性・能動性を引き出す取り組みが行われていないために，個が活かされていないのであろうか。それとも，これまであまり指摘されてこなかった別の問題が内在しているのであろうか。あるいは，個を活かす問題と企業のパフォーマンスとの関係は，直接的な関係ではないのだろうか。問題解決に向けた糸口が隠されているかもしれない。

個を活かす取り組みは，明らかになってきている。本書で紹介したモデルを援用していなくても，いくつかのビジネス啓蒙書で，個が活かされたサクセスストーリーが紹介されている。ビジョンの重要性が認識され，どの企業もその浸透に向けた活動に取り組んでいる。程度の問題はあるものの，権限委譲やエンパワーメントに取り組んでいない企業などないだろう。能力主義や成果主義のブームを経験して，人事評価の取り組みも丁寧な対応になってきている。これらが機能していれば，それなりに個は活かされているはずである。しかし，現実はどうであろうか。多くのビジネス現場では，個を活かすことに成功しているのだろうか。

個が活かされているはずだ，という前提で観察してみると，いくつかの部分にほころびが見られる。個別の1事例だけを取り上げると，特殊な問題とみなされてしまう。できる限り，一般的な現象という観点で，そのほころびを探索してみた。

5.1　低い日本の1人当たりGDPと労働生産性

　個が活き活きと働き，成果を出していれば，企業の業績が高まる。その総体がGDPである。個を対象にした議論をしているので，1人当たりGDPと労働生産性を見てみよう。

　データは，OECD（経済協力開発機構）で公開されている統計を用いた。為替レートの変動を抑えるために，物価水準の違いなどで調整した，購買力平価（Purchasing Power Parity/PPP）を用いている。2018年7月にリトアニアが加わり，現在36か国である。

　まず，1人当たりGDPである。GDPを国民の数で割った値であり，経済の総体ではなく，国民1人1人がどの程度産出したかが示されている。2017年データを見ると，日本は43,301ドルでOECD諸国の中で17位である。

　国民の中には，実際に働いていない人も含まれる。そこで，国民ではなく，就業者数でGDPを割った数字が労働生産性である。こちらは，2017年の就業者数の統計がまだそろっていないため，2016年のデータを用いてみた。これを見ると，日本は80,319ドルで，1人当たりGDPより順位を落とし20位と

第5章　組織の中で期待に応えられない個人：個は活かされていない　67

図表5-1　OECD諸国の国民1人当たりGDPと労働生産性

1人当たりGDP（2017年，ドル）

順位	国名	
1	ルクセンブルグ	104,027
2	アイルランド	75,304
3	スイス	64,835
4	ノルウェー	61,576
5	米国	59,774
6	アイスランド	54,079
7	オランダ	52,799
8	オーストリア	52,512
9	デンマーク	51,496
10	ドイツ	50,878
11	オーストラリア	50,762
12	スウェーデン	50,032
13	ベルギー	48,140
14	カナダ	46,705
15	フィンランド	44,956
16	英国	43,402
17	日本	43,301
18	フランス	42,859
19	ニュージーランド	40,546
20	イタリア	39,621
21	イスラエル	38,540
22	韓国	38,350
23	スペイン	38,116
24	チェコ	36,350
25	スロベニア	34,886
26	エストニア	32,585
27	リトアニア	32,411
28	ポルトガル	31,905
29	スロバキア	31,575
30	ポーランド	28,783
31	ハンガリー	28,215
32	ギリシャ	27,967
33	ラトビア	27,813
34	トルコ	27,092
35	チリ	24,013
36	メキシコ	19,093
	OECD平均	43,758

労働生産性（2016年，ドル）

順位	国名	
1	アイルランド	162,045
2	ルクセンブルグ	143,244
3	米国	121,803
4	ベルギー	113,408
5	ノルウェー	111,534
6	スイス	107,743
7	オーストリア	102,526
8	フランス	100,235
9	スウェーデン	98,674
10	デンマーク	97,683
11	オランダ	97,436
12	オーストラリア	96,281
13	フィンランド	94,911
14	イタリア	94,221
15	ドイツ	92,813
16	アイスランド	92,037
17	スペイン	88,720
18	英国	88,475
19	カナダ	87,962
20	日本	80,319
21	イスラエル	79,491
22	ニュージーランド	75,217
23	トルコ	73,759
24	ギリシャ	71,567
25	スロバキア	71,335
26	韓国	71,079
27	スロベニア	70,409
28	チェコ	69,671
29	ポルトガル	68,443
30	ポーランド	64,825
31	エストニア	64,383
32	リトアニア	63,218
33	ハンガリー	59,012
34	ラトビア	56,824
35	チリ	51,813
36	メキシコ	43,926
	OECD平均	86,862

現在価格，購買力平価（Purchasing Power Parity/PPP）
出所：OECD database 2018/11をもとに筆者作成

図表5-2　主要7か国における国民1人当たりGDPの順位の時系列変化

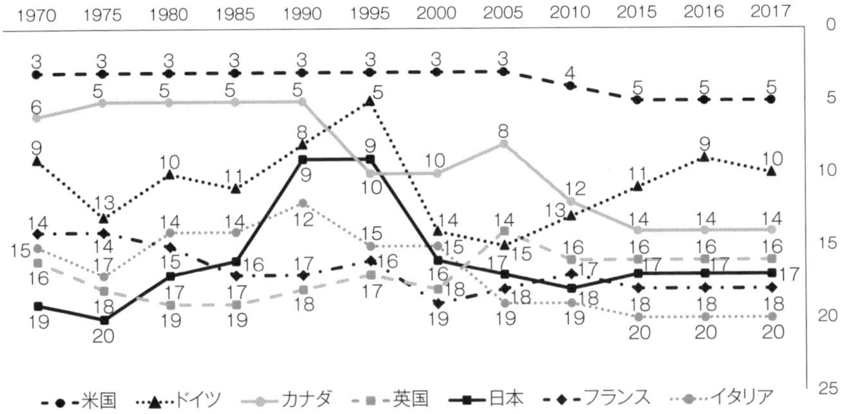

出所：OECD database 2018/11をもとに筆者作成

なっている（**図表5-1**）。

　この順位は、日本の定位置なのだろうか。そこで順位の変化について、比較しやすさを考慮し、主要7か国に絞って見てみた。まず、1人当たりGDPである。これを見る限り、バブル期に順位を9位まで上げたものの、2000年頃からは、17位あたりにとどまっている様子が分かる（**図表5-2**）。

　これ対して、労働生産性の順位を見てみると、バブル期の上昇分はわずかであり、1970年代から20位前後である。主要7か国の中で、順位はほとんど変わらないことが見てとれる（**図表5-3**）。

　かつては、マンパワーを投入し、大量生産大量販売を分業により実践することで、労働生産性を高めることができた。しかしながら、前述のとおり、昨今、ニーズの多様化とともに、多品種少量生産へと変化してきている。こうした環境下では、しっかりとイノベーションを実現させていかなければ、GDPを高めることはできない。イノベーションがなされていなければ、必然的に、1人当たりのGDPは低い状態となってしまう。とりわけ労働生産性を見る限りにおいては、世界における日本の相対的な順位は変わっていない。すなわち、生産性が向上していないことが分かる。

　このことを念頭におけば、日本の国内における従業員が皆、個を活かしているか、と問われれば、否定的な回答をせざるをえない。

第5章 組織の中で期待に応えられない個人：個は活かされていない 69

図表5-3 主要7か国における労働生産性の順位の時系列変化

出所：OECD database 2018/11をもとに筆者作成

一方，これらのデータだけで個が活きていないと判断するには，少々乱暴でもある。なぜならば，これらのデータは，個の総体とはいえ，様々な要因が含まれているからである。例えば，上位に位置づけられているルクセンブルグやアイルランドの場合，GDPには，一時的な外国からの労働者による成果が反映されているにもかかわらず，分母の国民の数や就労者数には加えられてない。さらに，EU圏における人やモノ，お金の往来の自由度を活かし，小国ゆえに，生産性の高い産業，例えば，金融やIT，医薬といった産業を重点的に強化することも可能となっている。また，アイルランドでは，法人税優遇措置による企業の誘致に成功しており，収益性の高い企業の業績が反映されていると考えられる。このように国によって条件が異なるため，これらの数字はあくまでも目安にしかならない。

企業の業績に関係する取り組みは，個を活かすだけではなく，その他のマネジメント上の課題，様々な投資上の判断，マーケティング上の問題，経営戦略上の判断が関わってくる。もう少し実態をつかむために，ミクロなデータを見ていくこととしたい。

5.2 ヒット商品は続かない

　継続的に新製品の開発に成功している企業はないのだろうか？企業にとっての新製品は様々なものがあるが，継続的に製品開発に成功している証の1つとして，ヒット商品ランキングへの継続的な掲載が考えられる。個を活かすマネジメントが機能していれば，ヒット商品は単発ではなく，継続的に複数のヒット商品を世に送り出していると考えられる。なぜならば，個の主体性を尊重するマネジメントによって個が活かされ，開発業務が活発に行われることで，ヒットの確率が高まり，ヒット商品は偶然の産物ではなく必然の産物となるからである。

　では，これまでどのようなものがヒット商品としてランクインしているのであろうか。現在ヒット商品を発表している媒体は，日経MJ（日経流通新聞）と大和SMBCが主なところである。日経MJは1971年から発表しているので，50年近い歴史がある。また，大和SMBCも1980年代から発表を始めているという。

　ただ，このヒット商品は，あくまでも最終商品に限られる。部品やB to B商品と呼ばれるような，企業を顧客とする商品は，これらのランキングには反映されない。ただ，最終商品を扱う市場は限られているとはいえ，それなりの大きさの市場である。限られた領域とはいえ，一定期間，継続的にヒット商品が生み出されているかどうかを確認するには，十分とは言えないかもしれないが，ある程度の目安となるであろう。

　バブル期の前後では，ヒット商品の創り出し方は異なると考えられる。バブル前までは，欧米の技術導入による製品開発が多くみられた。また，バブルにより市場が膨張し，たとえ高額であっても実に様々なモノが売れていた。そこで，バブルがはじけ，新たな価値を創り出していくことが望まれるようになってきた，直近の20年に絞って見てみることにした。

　いずれのヒット商品の番付においても，時代とともに，ヒット商品の位置づけが変わってきている。当初は，1つの企業ないしは商品を特定できるものがほとんどであったが，やがて，社会現象全体を指すような，多くの企業

第5章 組織の中で期待に応えられない個人：個は活かされていない　71

図表5-4 直近20年間にヒット商品を生み出している企業

日経MJ（日経流通新聞）

企業名	回数
Apple	12
ソニー	11
ライオン	10
トヨタ自動車	9
花王	8
資生堂	8
任天堂	8
パナソニック（松下電工含む）	8
キリンビール	7
サントリー	6
ファーストリテイリング（ユニクロ, GU）	6
明治（製菓, 乳業）	6
タカラトミー（タカラ, トミー）	5
日本マクドナルド	5
ホンダ	5
P&G	4
アサヒ飲料	4
アサヒビール	4
キリンビバレッジ	4
三洋電機	4
スクウェア・エニックス	4
バンダイ	4
小林製薬	3
サッポロ	3
サントリー食品	3
シャープ	3
スターバックス	3
セガ	3
日産自動車	3
日清食品	3
富士フィルム	3
三菱電機	3

大和SMBC

企業名	回数
Apple	7
トヨタ自動車	6
任天堂	6
花王	4
キリンビール	4
シャープ	4
グーグル	3
サントリー	3
資生堂	3
スクウェア・エニックス	3
ソニー	3
NTTドコモ	3
パナソニック	3

- 製造業（不動産，鉄道，小売り，映画，小説，音楽，テーマパークは除く）
- 2年にわたる場合は1回でカウント
- 合併等が生じた場合は，現存企業でカウント
- 1998年から2017年

出所：日経MJ（日経流通新聞）ならびに大和SMBC webpageより筆者作成

が関わるものが増えてきている。そのため，どの企業がヒット商品を継続的に生み出しているかは分かりづらい。今回は，あくまでも大きな傾向を把握するためにデータを集計しており，厳密ではないことを最初に断っておく。また，社内でどれだけアイディアが育まれ，個が活かされているかが焦点となるため，製造業を中心にカウントしてみた。複数の企業が含まれる場合は，記事の内容から特定できる場合はカウントした。ヒット商品の数が問題となるため，2年にわたってヒットし，連続でランクインしたものは1回としてカウントした。合併等で当時の企業が消滅してしまった場合は，原則として存続企業として合算してカウントしている（三洋電機のみ，回数が多かったため掲載している。パナソニックに三洋電機を含めると，12回となりAppleに並ぶ）。これらを，登場回数が多い順に並べ替えてみた。2回のランクインは，平均すると10年に1回の頻度であり，偶然ヒットしたとも考えられるため，3回以上ランクインしたものを掲載した（**図表5-4**）。

　この表を見る限りにおいては，毎年あるいは頻繁に顔を見せている企業は，極めて稀であることが分かる。これらの企業は，年間に実に多くの新製品を世に送り出している。とりわけ，大規模企業であれば，なおさら多くの新製品が開発されている。そのうち，ごくわずかな製品のみがヒットしていることになる。

　このことから，継続的にヒット商品を創り出すことがいかに難しいか，あるいは，その仕組みを維持することが困難であるのか，また，個が十分に活かされていないのか等，いくつかの問題が提起される。限られているケースとはいえ，多くの企業で個を活かしているか，という問いに対しては，ある程度の回答となろう。

5.3　かつての高業績企業の業績低迷

　バブル期頃から，長期的展望に立ち，継続的に新たな価値を創り出していくことが期待されるようになってきた。『エクセレント・カンパニー』『ビジョナリー・カンパニー』や『コア・コンピタンス経営』といったベストセラーは，そのことを強く主張している。これらの文献で紹介されている日本

第5章　組織の中で期待に応えられない個人：個は活かされていない

の家電メーカーは，一時期，技術力が高く，顧客に受け入れられる製品を継続的に生み出してきたと評価され，多くのビジネス本で取り上げられてきた。

ところが，ここ10年くらいは，一転，否定的な見解が見られる。例えば，"国内市場のみに目を向けガラパゴス化してしまった。その結果，国際競争力を失ってしまった。"あるいは，『イノベーションのジレンマ』を引き合いに出しながら，"目の前の顧客のニーズを満たそうと機能向上を目指すあまり，破壊的技術に対して極めて脆弱であった。"等がその例である。

このような論評は，一部で的を射ている。2000年代に入ってから，海外の市場を観察してみると，日本の市場では見られない多様な視点で製品開発が行われている。また，日本市場でありがちな，顧客が求めている以上の高機能品はほとんど目にすることはなかった。高機能品を開発することで業績が向上しているのであればよいが，誰の目から見ても，日本企業に一時期の勢いは見られない。

だからといって，これらの論評をそのまま受け入れることにも抵抗がある。なぜならば，これらの企業は，前出のベストセラーとなった文献の主張のとおり，ある一時期非常に高いパフォーマンスだけではなく，それを支える仕組みも誇っていたからである。一時的に結果がよかった場合は，偶然かもしれない。しかし，パフォーマンスを生み出す仕組みが分かっている場合，その結果は必然的である。あれだけ高く評価されていたにもかかわらず，一時的に結果が悪くなると，いきなり批判モードに変わってしまう。成功事例として取り上げられていた製品が，失敗事例にすり替わっていったことに違和感を覚える。

これらの日本企業の成功例は表面的にしか取り上げられていたわけではない。成功の源として，個々人の華々しい活躍と，彼ら，彼女らの活躍を後押しする，組織的制度についてもあげられていた。日本企業の長期的視点が功を奏して，従業員が実に活き活きと働き，また，先端技術が蓄積されていったことが克明に記されていた。つまり，個の主体的・能動的行動を引き出すマネジメントが継続的に実施されていたのである。

組織の仕組みを伴って成果があがっていたことは，ある程度，長期的にその成果が継続するはずであったことを意味している。短期的な結果だけを取

り上げれば，瞬間的にうまくいくこと，つまり，いくつかの取り組みがうまくいき，偶然，外部環境やいくつかの内部要因が整合関係になったことによって良い結果がもたらされることは，考えられるシナリオである。日本の家電メーカーの事例は，そういった一時的なものではなく，継続的結果がしっかりともたらされる仕組みをもっている，という指摘であった。もちろん，そこには，個が活かされている状況が描かれている。本当に個を活かしているのであれば，一時的な業績の低迷は環境変化のショックとして起こりうるが，トップが構築したビジョンのもと，すぐに回復に向けて様々なアイディアが沸きあがってくることが期待される。今後の動向を注視したい。

5.4 実際に個が活かされていない局面

個が活かされていない状況は，筆者が参加したアンケート調査からも見出すことができる。この調査は，1995年から2010年まで十川廣國研究室を拠点とし，慶應義塾大学および成城大学で行われた。その概要は，随時『三田商学研究』ならびに『社会イノベーション研究』に掲載された。本書で使用したデータはその一部であり，使用したアンケート項目は巻末に付録として掲載している。アンケート調査は，日本の一部，二部，地方上場の製造業約1,300社を対象として行ったものであり，今回は，その中から，リーマンショックの影響がない2005年から2007年に行ったものを用いた。

5.4.1 失敗を評価しているが，挑戦的にならない

個を活かすマネジメントでは，個が新たな取り組みに挑戦できるよう，失敗に対して寛容（失敗評価）であることが望ましい。その結果，個は，新たな領域に向けて挑戦意欲にあふれるはずである。そこで，新しいことに挑戦して失敗したことを低く評価する場合と高く評価する場合，また，挑戦意欲にあふれている場合と現状維持の姿勢が強い場合の，全部で4つに分けてその関係を見た（図表5-5）。

薄く網掛けしたところは，合理的な結果を意味している。つまり新たな取り組みに対して失敗してしまったことを評価しないのだから，現状維持の姿

図表5-5　失敗評価と挑戦意欲の関係

		挑戦意欲	
		現状維持の姿勢が強い	挑戦意欲にあふれている
失敗評価	低く評価する	減点評価だから，挑戦しない	減点評価にもかかわらず，挑戦する
	高く評価する	加点評価しているにもかかわらず，挑戦しない	加点評価しているから，挑戦する

出所：筆者作成

図表5-6　失敗評価と挑戦意欲の割合

2005 n=197	2006 n=159	2007 n=113			
33.5	30.8	30.8	加点評価しているにもかかわらず，挑戦しない	ジレンマ型	
44.7	47.8	47.8	加点評価しているから，挑戦する	施策成功型	合理的
14.7	14.5	14.5	減点評価だから，挑戦しない	やりすごし型	
7.1	6.9	6.9	減点評価にもかかわらず，挑戦する	ボランティア型	
100.0	100.0	100.0	(%)		

出所：筆者作成

勢が強くなる（やり過ごし型）。一方，新たな取り組みに対する失敗を評価するから，より挑戦的な姿勢となる（施策成功型）。それぞれについての割合は**図表5-6**に示している。

　図表5-6によると，合理的な結果にサンプルが集中している。そのため，この変数間の相関関係は $r = 0.354$：2005年，0.308：2006年，0.428：2007年と高く，いずれも5％水準で有意であり，失敗を評価をすることによって，挑戦意欲が高まる傾向にあると言える。

　ここで問題にしたいのは，濃く網掛けしたところである。セルの中に含まれる割合が一番多いのは，45％前後の「加点評価しているから，挑戦する」セルであるが，次に多いのが，濃く網掛けした，30％強の「加点評価をして

いるにもかかわらず、挑戦しない」企業である。個を活かそうと、企業は加点評価を採用しているが、個が活きていない現象が見られる。また、わずかではあるが、減点評価にもかかわらず、従業員が挑戦的姿勢を示している企業もある。

5.4.2　長期の課題解決を評価するが、時間が与えられていない

　企業が期待する挑戦的な仕事は、日常的な計画遂行というよりは、計画にまだ落とし込まれていないが、長期の課題の解決につながる仕事であると考えられる。課題ややるべきことが明らかになっていれば、計画に反映させることができる。しかし、何をしたらよいのか、どのように取り組んだらよいのか、といったことが明らかになっていなければ、計画には組み込みにくい。分からないことに取り組むことは、より挑戦的な仕事と言えよう。

　そこで、計画にはないが、長期目標の実現に向けて取り組んだ場合、そのことを高く評価すれば、長期の課題解決に時間を費やすことができるであろうと考えられる。一方、低く評価する場合は、時間をあまり使うことはないであろう。それぞれを軸にすると、4つに分けることができる（**図表5-7**）。

　薄く網掛けをしたところは、合理的な結果を意味している。長期目標の遂行を高く評価するから、時間をかけて課題に取り組む。あるいは、あまり評価しないから、時間をかけて長期の課題をこなすことをしない。それぞれについての割合は**図表5-8**に示している。

図表5-7　長期の課題解決にかける時間と長期目標遂行の評価の関係

		長期目標遂行の評価	
		あまり評価しない	高く評価
長期の課題解決にかける時間	時間を費やす	評価されないにもかかわらず、長期の課題をこなす	評価されているから、長期の課題をこなす
	時間を使わない	評価されないから、長期の課題をこなさない	評価されているにもかかわらず、長期の課題をこなせない

出所：筆者作成

第5章 組織の中で期待に応えられない個人:個は活かされていない　77

図表5-8　長期の課題解決にかける時間と長期目標遂行の評価の割合

2005 n=200	2006 n=159	2007 n=114			
53.5	49.7	50.0	評価されているにもかかわらず，長期の課題をこなせない	ジレンマ型	
28.0	32.7	29.8	評価されているから，長期の課題をこなす	施策成功型	合理的
14.0	13.2	15.8	評価されないから，長期の課題をこなさない	やり過ごし型	
4.5	4.4	4.4	評価されないにもかかわらず，長期の課題をこなす	ボランティア型	
100.0	100.0	100.0	(%)		出所:筆者作成

　図表5-8によると，最もサンプルが集中しているのは，濃く網掛けをした合理的ではないセルであり，約50%に及ぶ。薄く網掛けしてある合理的な結果にも相応にサンプルが集中している。相関係数をみるとr＝−0.167:2005年，−0.219:2006年，−0.293:2007年で，5%水準で有意ではあるが，相関係数はそれほど高くはない。

　企業の姿勢を確認するために，それぞれの項目の度数分布表（**図表5-9**）も見ておこう。これによると，長期の目標遂行の評価は，4と5に集中しており，長期の目標遂行を評価する傾向が見られる。これに対して，長期の課題解決にかける時間も4と5に集まっており，あまり時間を費やしていないことが分かる。計画に反映されていないものの，企業の長期課題解決に向けた個の行動を高く評価することは，日常業務に落とし込まれていないが，企業が置かれている状況を理解し，自主的に取り組む行動を高く評価していることにほかならない。したがって，企業は，個の主体性を尊重し，その発揮に向けて取り組む姿勢を示しているものの，現実のマネジメントの現場では，そのような機会が十分に与えられていないことになる。何かが障害となり，個は，企業が期待している長期の課題解決に取り組めていないのである。

図表5-9　長期の課題解決にかける時間と長期目標遂行の評価の度数分布表

(%)

			2005	2006	2007
長期の課題解決にかける時間	かなりの時間を費やしている	1	1.5	0.6	0.9
		2	8.5	8.1	9.6
		3	22.4	28.0	23.7
		4	28.4	29.2	36.0
		5	35.3	29.8	28.9
	あまり時間を費やしていない	6	4.0	4.3	0.9
長期目標遂行の評価	あまり評価しない	1	2.0	1.3	0.9
		2	4.5	1.9	3.5
		3	11.9	14.4	15.8
		4	42.3	40.0	36.0
		5	34.3	35.0	30.7
	高く評価する	6	5.0	7.5	13.2

出所：著者作成

5.4.3　組織は変化へ対応しているが，従業員は市場を現状延長で捉える

　個人が挑戦的になり，長期の課題に対処した結果，生まれた個のアイディアは，必ずしも市場に受け入れられるものではない。顧客に喜んでもらえなければ，個の主体的な取り組みは結実しない。

　外部の環境が変化している中で，組織は可能な限り変化へ対応するよう努力している。変化への整合的な取り組みが，企業業績を向上させるからである。外部環境の変化に対処するために組織は，変化に対して柔軟に対処するために状況に応じた取り組みを行う必要がある。これまで通りのルールを優先した取り組みでは，変化に対処することはできない。また，従業員も，変化へ対処するためには，市場動向について従来の延長線で捉えるのではなく，不連続な変化が生じると考える必要がある。それぞれを軸にとってマトリックスを作ってみた（**図表5-10**）。

　薄く網掛けしたところは合理的な結果を意味している。組織はルール優先

第 5 章 組織の中で期待に応えられない個人：個は活かされていない　79

図表5-10　組織の変化への対応方法と従業員の市場動向の認識の関係

		組織の変化への対応方法	
		ルール優先	状況に応じて変化
市場動向の認識	従来の延長線	組織がルール優先だから，従業員は市場を従来の延長線で捉えてしまう	組織は変化に対応しているが，従業員は市場を従来の延長線で捉えてしまう
	不連続な変化が生じている	組織はルール優先にもかかわらず，従業員は市場を不連続に捉えている	組織が変化へ対応しているから，従業員は市場を不連続に捉えている

出所：筆者作成

図表5-11　組織の変化への対応方法と市場動向の認識の割合

2005 n=201	2006 n=160	2007 n=114			
25.4	23.1	28.1	組織は変化へ対応しているが，従業員は市場を従来の延長線で捉えてしまう	ジレンマ型	
24.4	28.1	22.8	組織は変化へ対応しているから，従業員は市場を不連続に捉えている	施策成功型	合理的
29.9	33.1	35.1	組織はルール優先だから，従業員は市場を従来の延長線で捉えてしまう	やり過ごし型	
20.4	15.6	14.0	組織はルール優先にもかかわらず，従業員は市場を不連続に捉えている	ボランティア型	
100.0	100.0	100.0	(%)		

出所：筆者作成

で対応するから，従業員も市場について従来の延長線で考えるようになる。また，状況に応じて変化するから，不連続な変化が生じていると捉えるようになる。それぞれについての割合は，**図表5-11**に示している。

　図表5-11によると，合理的な結果に比較的サンプルが集中している。相

関係数を見てみると、r = 0.119：2005年、0.334：2006年、0.337：2007年となっており、2005年を除けば、5％水準で有意であり、高い相関関係が見られる。すなわち、組織が変化へ対応しているほど、市場動向について不連続に捉える傾向が見られる。

ここで問題となるのは、濃く網掛けしたところである。「組織は変化に対応しているが、従業員は市場を従来の延長線で捉えてしまう」割合が25％前後あり、2番目ないしは3番目に割合が高い。確かに、市場は移り気で予測することは困難ではあるが、顧客に対峙せず、従来の延長線で捉えてしまう従業員の絶対数が多いことを示している。何かが障害となっている可能性が考えられる。また、「組織はルール優先にもかかわらず、市場を不連続に捉えている」割合も14〜20％もあり、組織の施策にかかわらず、顧客動向を注視している従業員のいる企業が相当数存在することも興味深い。

5.4.4　3つをクリアする企業の割合は？

アンケートでは、それぞれ異なる3つの局面を見てきた。その中で、合理的ではない、すなわち、企業が目指していることとは異なり、狙い通りに従業員の行動を導けていない企業の割合が相当数存在することが分かってきた。つまり、企業の狙いと従業員の行動とが合っておらず、企業の狙い通りに従業員は行動していないのである。ここに個が活かされていない原因が隠されているかもしれない。これらについては、第Ⅱ部で検討していくこととしよう。

ところで、これら3つの局面をすべてクリアする企業はどのくらいの割合であろうか。それぞれのアンケートについて、順を追って見てみたい（**図表5-12**）。企業が従業員の失敗について高く評価している企業の割合は、全体の80％前後である。これらの企業は、個を活かす姿勢があると言ってもよいだろう。そのうち、従業員が挑戦意欲にあふれている企業は45％前後とかなり減少する。そのうち、長期の課題解決を高く評価する企業になると40％前後である。さらに、従業員が長期の課題解決に時間をかけているのは20％前後となる。加えて、組織が変化へ対応しようとしているのは15％前後となり、従業員が顧客動向を不連続に見ている企業は10％前後まで落ち込んでし

第5章　組織の中で期待に応えられない個人：個は活かされていない　81

図表5-12　3つのレベルをクリアした企業の割合

(%)

	2005年 n=203	2006年 n=162	2007年 n=115
どちらかと言えば，失敗評価をしている	77.3	77.8	82.6
そのうち，挑戦意欲に，あふれている	43.3	46.9	44.3
そのうち，長期の課題解決を高く評価	39.9	43.2	40.0
そのうち，長期の課題解決に時間をかける	18.2	23.5	20.9
そのうち，組織が変化に対応している	12.3	14.8	17.4
そのうち，顧客動向を不連続にみている	8.9	11.7	12.2

出所：筆者作成

まう。

　アンケートで表現した内容以外にも，いくつかの局面が考えられる。例えば，失敗を高く評価するだけではなく，その後の行動を改善させるためには，十分なフィードバックをしていくことが求められる。また，計画にはないが，長期の課題解決に向けて取り組むためには，ある程度エンパワーしていないといけない。権限が委譲されているから，自分の考え通りにやり方を変えたり，資源配分を変えたりすることができる。さらには，顧客動向を注視するだけではなく，顧客ニーズに応える技術動向も観察しておく必要がある。アンケートで表現したハードルは，個を活かすことの限られた場面にすぎない。

　これらのことを念頭におくと，多くの企業は個を活かそうとしているが，最終的に個が活かされている可能性は，ごくわずかであると考えられる。

5.5　個が活かされていないと組織不祥事を起こす

　個の主体的・能動的行動を引き出そうという取り組みは，いくつかの組織不祥事を防ぐことにもつながるのではないか。著者は，そのような仮説を持っている。本題と少しずれる部分もあるが，組織不祥事が後を絶たない中，付言しておきたい。

　組織不祥事にはいくつかのパターンがある。それらを網羅的に防ぐために，

内部統制に関する法律が施行された。不祥事を防ぐ内部統制は，町田［2015］によると，6つの基本的要素によって成り立っている。すなわち，統制環境，リスクの評価と対応，統制活動，情報と伝達，モニタリング，IT（情報技術）への対応である。これらの組織的取り組みがしっかりできていなければ，不正行為の起きる可能性が高まる。だから，これらの点に企業はしっかり取り組む必要がある，というのが内部統制の考え方である。

個の主体性・能動性を尊重したマネジメントを実現していれば，異なるアプローチで不正行為を防げる可能性が高い。まず，意識レベルにおいて，企業が取り組む方向性をしっかりと認識し，同時に，顧客に対峙する姿勢が備わっていれば，企業や顧客に損失を与える行動は自ずと避けるはずである。不祥事の原因の1つである同調圧力による集団浅慮は，顧客ではなく，集団の論理を優先したために生じると考えられる。意識レベルでしっかりと個を活かすことで，集団による同調圧力に屈せず，顧客に対して真摯な取り組みをすることとなろう。

機会を与えるという点においては，不正の機会を与えかねないが，その行為に対して，しっかりとフィードバックをすることで，間違った行動に対して修正することが可能となる。

不祥事のパターンのうち，悪いことをしているという認識がなく，組織の中での当たり前のこととして取り組んでしまった，というものがある。こういった組織不祥事は，意識レベルを高め，しっかりフィードバックすることで防ぐことができる。そのため，個の主体性・能動性が引き出されていない現象の1つとして捉えることができるであろう。

これらの施策は，内部統制の基本的要素との関係では，主として統制環境に関わる内容である。不祥事を起こさないように取り組むのか，あるいは，個を活かすために取り組むのかの違いがある。

従業員が内部統制として様々な施策を受け入れると，従業員は監視されている，と感じてしまうかもしれない。内部統制の制度が実施されてもなお不正行為が後を絶たないのは，従業員が不祥事を起こすのではないか，という潜在的意識が働き，従業員を否定的に捉えてしまっている可能性もある。

5.6 本章のまとめ

個が活かされていない現象を探ってきた。

マクロレベルでは，日本は1人当たりGDPと労働生産性において，先進国の中では，長い間非常に低いレベルにとどまっている。このことだけで直接的に個が活かされていないと決め付けることはできないが，個が十分に活かされていない可能性がある。

具体的な企業の活動では，ヒット商品を継続的に生み出している企業は，ごくわずかであることを示した。大規模企業であっても，2年に1回ヒットを飛ばすことができている企業は，片手で収まる数である。これらの現象も，十分に個を活かしているのか，という疑問をより大きくするものである。

さらには，ヒット商品に複数商品をランクインさせていても，業績が低迷してしまう企業も見られる。個を活かし続けることができれば，業績低迷は一時的な問題となるはずであるが，実際は，いくつかの企業で致命的な状況に陥ってしまった。

そこで，企業へのアンケートで，個を活かそうとしているが，実際には活きていない現象を確認してみた。「失敗を容認する加点評価により，個が挑戦的になっているか」，「長期目標の遂行に向けての取り組みを評価することにより，課題解決に向けて時間を費やしているか」，「組織を柔軟にして，顧客動向を不連続なものと捉えるようになっているか」，以上の3つの局面で確認した。

その結果，企業の思惑通りに個が活かされている場面もあるが，そのように機能していない場面もかなり多いことが分かった。実際のところ，この3局面を乗り越えて個を活かしている企業は，10%前後にすぎなかった。

最後に，組織不祥事のうち，組織の統制環境が発端となり生じたものについては，個を活かすマネジメントで防げる可能性があることに言及した。従業員を肯定的に捉える取り組みは，従業員にも受け入れられるのではないだろうか。

いくつかのレベルで，個が活かされていないことを確認してきた。これら

の問題をどのように整理すればよいのだろうか。これについて第Ⅱ部で扱っていくこととする。

第Ⅰ部のまとめ

　個を活かすという取り組みについて，様々な角度から検討してきた。

　個を活かすことは，人類誕生とともに，常に求められてきた課題である。ただ，個を活かす意義は，人類の歴史の中で変化してきた。現在，個を活かすこととは，特に，個の主体性を活かすことを求めている。

　個の主体性を活かすことは，現在の社会の中で，様々な場面で求められていることを確認した。例えば，変化への対応，多品種少量化・グローバル化，価値創造といった場面である。個を活かすことは，社会も後押ししている。大規模企業に所属しなくても，これらの場面で個が対処できる制度が定着してきている。

　企業が雇用を保障するとともに，個が働く意識を高めることが，個を活かす基盤となる。その上で，企業は，ビジョンを浸透させること，権限を委譲させること，失敗に対して寛容であるとともにしっかりフィードバックすることが，また，従業員は顧客動向を自ら認識することが欠かせない。

　世の中は，必ずしも大規模企業にとって良い状況ではなくなってきている。個にとっても，企業にとっても，望ましい状態を作り，組織の存続を図っていくことが肝要である。

　マクロデータでもミクロデータでも，個が十分に活かされていない事実があった。企業が，変化の時代に存続を図るためには，問題を払拭し，個を活かすことが希求される。

第 II 部　問題の特定

すぐれた科学者は一芸に秀でていながら，
あらゆる視野を多角的に持っているものです。
そのことがひいては創造性の原動力になるわけです。
　　　　——江崎玲於奈『想像力の育て方・鍛え方』講談社，p.207

　　社会は複雑に絡みあっている。
　　昨今，社会を素材として研究している領域では，「外部の環境が不連続に変化する。」という表現を，何の疑いもなく使う。しかしながら，著者が，自然科学系の素養を持った方々に，この言葉を使ったところ，「現象は，連続的にしか変わりません。」と指摘を受けた。不連続に変化しているのではなく，不連続に変化しているように見える，というのである。現象が複雑に絡みあっているため，環境を大きく捉えると，不連続に変化しているように見えるのである。
　　自然科学でも社会科学でも，このような観点から，複雑なものを解きほぐし，見えるようにする作業を行う。すなわち，研究領域を細分化していく。例えば，経営学関係の学会誌に取り上げられるテーマは，製造業の中のある特定の業界や，さらには，ごく1つの企業，さらには，その中の特定の現象を取り上げる。あるいは，経営戦略論や経営組織論，人的資源管理論について横断的に扱うのではなく，その領域の中のさらにある特定の部分だけを取り上げ，その良し悪しを検討している。
　　確かにそれによって，特殊な状況での動態を把握することは可能である。反面，経営学に対して社会から求められる実践的な側面が損なわれてしまう。つまり，あまりに細分化しすぎて

しまうと，それに何の意味があるのか分からなくなってしまうのである。

本書で目指しているものの1つに全体感がある。これは，こういった問題に一石を投じようという思いが込められている。個が活かされていない現象を見ても，ある段階までは個が活きているが，最終的に個が活きているかと問われれば，活きていると言える企業はごくわずかしか残らなかった。

もちろん，企業の行動すべてを説明しようという大風呂敷を広げているわけではなく，個を活かすという側面に絞っている。そのため，十分な実践的効果が得られるかと問われれば，明言することはできない。あくまでも目指していることをご理解していただけるとありがたい。

第Ⅱ部では，個が活かされなくてはいけないが，十分に活かしきれていない状態は，なぜ起きてしまっているのか。その問題の核心に迫っていくことを試みる。これまで，十分な解決策を見出せていないのは，複雑に絡みあっている個の問題の部分のみを取り上げてしまっているからなのでは，という仮説に基づいている。ある部分だけ解決しても，目指している，個を活かし組織として存続を図る，ということは実現できない。問題の解決を目指し，問題を解きほぐしていくプロセスが第Ⅱ部にあたる。

そのためには，問題の全体を把握するフレームワークを考えなければいけない。そのことを考える糸口は，個人が新たなことに踏み切れない個人の内在的な問題，組織が新たなことを進めているが組織自体がそれを阻んでいる問題，変化する市場に対して従来の延長線で考えてしまう市場との接点にある問題といった点がこれまでの検討から見え隠れしている。これらを手掛かりにしながら，全体像の把握を試みることとしたい。

第6章

直面する3つの壁

> **本章の狙い**
> - **これまで展開されている議論から個を活かせない問題点を整理する。**
>   個を活かすマネジメントが提唱されており、実際に企業は取り組んでいるものの、部分的にしか個が活きていないことが第Ⅰ部で明らかになった。そこには、どのような障害が隠されているのだろうか。これまでの議論を整理しながら、問題の本質に迫っていきたい。
> - **指摘された個が活かされていない現象には、個が活かされていないこと以外にどのような問題が関連してくるのか理解する。**
>   個が活かされていない現象には、どのような要因が関係しているのだろうか。個を活かそうとしても活かせないのは、他の要因が関連している可能性が高い。個を活かすことに関わる議論との関連性を見ていこう。

> **本章を読む前の準備運動**
> - **何が問題で個が活かせないのだろうか。**
>   個の主体性を活かすことに対して、何が問題となっているのであろうかを考えてみよう。

個を活かすことへの期待に関しては，個を活かさなくてはいけない状況の中，各企業は，個を活かすべく対応に取り組んでいると考えられる。つまり，より新しいことに取り組むように個人に働きかけ，程度の差はあるにせよ権限委譲を進めることで個人がアイディアを発揮する機会を与え，個々の働きぶりを評価し，フィードバックしている。しかしながら，実際は，個を十分に活かしきれていない。そのような状況は，複数の要因が絡み合って生じている。複雑に絡み合った紐を解きほぐしていきたい。

6.1 個が活きない3つの局面

個が主体性を発揮し，それが成果として実るまでには，3つの局面を打破していくことが求められる。個の主体性尊重のマネジメントのプロセスや，個が活かせないことを示す前述のアンケート調査は，その3つの局面に依拠している。そのプロセスを説明していこう。

個の主体性尊重のマネジメントでは，従業員が与えられた機会に対して挑戦的に行動するように，企業が失敗に対して寛容になり，フィードバックすることが求められた。挑戦的行動には高いリスクが伴うために，当然失敗することが予測される。この新しい取り組みに対する失敗を，通常通りに取り組んでいる場合よりも高く評価することで，挑戦意欲が喚起されることになろう。

このことを参照して，アンケート調査では，失敗の寛容が挑戦意欲を促しているかどうかのクロス集計表を見てきた。確かに，失敗の寛容が挑戦意欲を促す傾向は見られるものの，企業が失敗に対して寛容であったとしても，従業員が挑戦的になれていない企業が相当数存在した。このことから，個人レベルで何かしらの障害が隠されており，挑戦的に行動できない原因があることが推察される。

個が挑戦的に行動しようという意思があったとしても，その機会がなければ，挑戦的行動が表れることはない。挑戦的行動は，とりわけ，企業の長期の課題解決に向かったところで期待される。通常，日常業務は計画に落とし込まれている。これらに取り組みながら，個は，まだ計画化されていない長

期の課題解決に向けて取り組むことが期待されている。

　アンケート調査では，計画にはない長期の課題解決に向けた取り組みを，企業は高く評価しようとしているが，従業員は十分に時間をかけることができていないことが示された。このことから，組織レベルで何かしらの障害が隠されており，従業員に対して十分に機会が与えられていないという原因があることが推察できる。

　組織が機会を与え，個が挑戦しても，市場から受け入れられなければ，個が活かされているとは言えないだろう。個が能動的に行動しているという点では，個が活きていると言える。しかし，企業組織の中で考える場合には，企業組織への貢献が不可欠となる。企業組織の存続のためには，市場（顧客）に受け入れられる必要があるからである。

　アンケート調査では，変化の時代に顧客が従来通りの判断を行うとは限らないので，市場動向について不連続に変化すると認識しているかどうかを聞いてみた。これを促すために，組織は，既存のルールを優先して判断するのではなく，状況に応じて対処する必要がある。既存のルールを優先すると，これまでの延長線で顧客動向を判断しかねないからである。アンケート調査では，組織が状況に応じて対処すれば，顧客動向の不連続な変化に対処する傾向が見られたが，相当数の割合で従来の延長線で捉えてしまっていた。このことから，市場レベルで何かしらの障害が隠されており，個が主体的に取り組めない原因があることが推察できる。

　このように，個の主体性が引き出されていない問題は，3つのレベルに分けて考えることができる。現象だけではなく，同様の問題を指摘している先行研究もある。これらの取り組みを整理することで，個の主体性が引き出せない問題を解決する糸口がつかめるのではないであろうか。

6.2　個は本質的に防衛的思考に支配されている

　最初に，個人レベルで生じる壁について見ていこう。

6.2.1 防衛的思考の概要

挑戦意欲を高めるために，加点評価だけを採用したとしても，主体的な挑戦意欲が十分に引き出されるとは限らない。これは，Argyris［1991, 1994, 2010］が，防衛的思考として指摘している点である。すなわち，個は，次のように行動する。

① 自分がコントロールできる状態を保とうとする
② 確実な利得を最大限に高め，損失を最小限にする
③ 否定的な感情を抑える
④ 可能な限り合理的に判断しようとする

分からないことには取り組まず，分かる範囲内で，リスクを小さく，つまり失敗を避けようと行動することが想定される。その結果，新たな取り組み，すなわち，Argyrisの言うところのダブルループ学習は行われない。

このことは，個の主体的・能動的行動が容易に引き出されない理由の1つを述べていると考えられる。これまで挑戦的な取り組みをし，周囲から評価され，地位を築いた人が，機会を与えられ，失敗に対して寛容で，個別に評価されていても，知らず知らずのうちに自己防衛的な判断をしてしまう。普段，前向きな人であっても，場合によっては，正当な理由で自身の保身を図ることが示されている。つまり，自身をリスクから守る判断に対して，肯定的な行動をとる。換言すれば，どのような人であっても，常に問題に対して，主体的，能動的に行動するわけではないことを示唆している。

6.2.2 防衛的思考の特徴

個がリスクを避ける行動をとることによって，新しいことに挑み続けなければいけない企業組織は，存続への唯一の道が閉ざされてしまう。特に，周囲から，いつも挑戦的な取り組みをすることで評価されている人が防衛的行動をとると，組織全体にリスク回避行動が伝搬する可能性がある。できる限り，このような防衛的思考を開放することが欠かせない。

一方，このような行動は欠点ばかりか，というとそうではない。企業に

とってリスクはコストであり，できる限りリスクを避けるように取り組むことは必要な行動である．リスクを避けることで，無用のコストを削減できる．

加えて，リスクを避け，常に同じことに取り組むことによって，学習効果が働き，より効率的に物事に取り組むことができる．分業の効果の一部がそれである．専門的に同じことに取り組むことにより，以前よりも効率的に取り組める．ルーチンとして定着することで，新たな仕事に取り組む余裕が生まれる．

この防衛的思考は，生来誰もが備えているものであり，避けることはできない．人間である限り，防衛的思考に支配される可能性を避けることは，極めて困難であると考えられる．つまり完璧に取り除くことができないものである．

合わせて，防衛的思考は，個がリスクを感じる新たな取り組みを進めることを妨げる要因になる反面，日常的な効率性という側面では利点にもなる．長所と短所の両面を持ち合わせているのである．

このように自己の内面に隠されている個の主体性を阻む壁を，自己の壁と呼ぼう．

6.3 集団や組織が個の主体性を阻害してしまう

次に，組織レベルで生じる壁について見ていこう．

6.3.1 集団や組織による障害の概要

前章で紹介したアンケート調査で，個が長期の課題解決に向けて取り組んだことを企業が高く評価しようとしても，企業は，実際にそのようなことに取り組む機会を与えていなかったことがわかった．なぜ，組織は，取り組む機会を個に与えていないのだろうか．

組織や集団を形成することによって，個が活きないという指摘は以前からあった．ミクロレベルでの指摘は，組織行動論の領域で行われた．最も広く知れ渡っているものが，集団浅慮と言われるものである．すなわち，集団を形成した場合，集団内に同調圧力が生じ，その影響を受けて，個が活かされ

なくなってしまう現象である。

また，多くの研究者や企業が取り組んでいる組織変革の現代的課題の1つに，良かれと思って変化させたことが，ふとしたことから悪循環を生み出すことがある。Levitt & March [1988] は，成功による学習が，組織活動をルーチンとして定着させていく「能力の罠」を指摘した。つまり成功を目指して取り組み，成功を勝ち取ったことが，次の成功を邪魔してしまうのである。環境が変化していく中で，成功の方法は，変わっていく。個の主体的・能動的行動は，これを防ごうとしている。

Leonard-Barton [1992, 1995] は，同じようなロジックで，企業の成功要因となるコア・コンピタンスが，成功体験によってコアリジディティに変化してしまうことを指摘した。外部環境に適応しようと行動していた活動が，成功体験により，繰り返し成功した方法で取り組むようになる。ここで手段の目的化が生じ，組織は硬直的な状態に陥ってしまう。このような状況では，個が懸命に新たな変化をもたらそうとしても，組織に埋め込まれてしまった成功へのシナリオに阻まれ，既存の取り組み以外の方法に取り掛かることは極めて難しい。

これらの研究が取り上げている問題は，当初はうまくいっているというところにポイントがある。組織は，良いことを行っているはずが，次第に悪い方向へと転化していく。

Arthur [2009] は，マクロ的視点から，このような傾向をロックインという現象として説明している。企業がある行動パターンに閉じ込められてしまい，なかなかそこから抜け出すことができない状態になってしまうというものである。その原因はいくつか考えられる。例えば，新しい技術によるものは，初期段階は，既存のものよりも性能が低いことが少なくない。そこで，既存のものを使い続けるよう判断してしまう。また，既存のものを獲得するために，多くのコストを費やしており（サンクコスト），そのコストを十分に回収していないために，新しいものを採用することが困難になっている。さらには，将来の未知の状況への不安や脅威といったものがあげられる。

ロックインされた結果，既存のものの寿命が延ばされていく。震災以後，日本において原子力発電に大賛成であるという論調は影を潜めた。再生可能

エネルギーによる発電がまだ未成熟であり，現状の技術では十分に必要となるエネルギーを賄えないために，化石燃料を用いた火力発電や原子力発電にどうしても依存せざるをえない，という論調が多い．震災前までは，化石燃料の使用は，地球温暖化の観点から縮小させるべきという意見が強かった．しかしながら，同じような状況にもかかわらず，すでに原子力発電からの撤退を表明している国もある．日本はArthurのいう，ロックインされた力が強く，そこから抜け出すための判断ができずにいるようにも感じられる．

こういった，知らず知らずのうちに，望ましくない方向，あるいは望ましくない状態に向かってしまうことを後押ししているのは，組織の一般的な運営方法である，計画し実行するプロセスにあると考えられる．このプロセスの源流は，経営管理の父と言われるFayol［1916, 1979］が提唱した管理的活動である．すなわち，「計画し，組織し，命令し，調整し，統制すること」を順番に取り組むプロセスである．

実際，ほとんどすべての組織においても，この流れを汲み，事業計画を立て，予算を組んで，その通りに実現できるようチェックしながら，運営されている．予算通りに，つまり計画通りにならなかった点については，その理由を明確にしながら，次期には，再び予算通りに計画が進むよう確認される．

この毎年繰り返される活動によって学習が進み，活動が強化されていくことは，Levitt & Marchが指摘している．しかも，そこに成功体験が加われば，Leonard-Bartonの言う成功体験の罠に陥っていく．その結果，Arthurが指摘した，ロックインへと向かっていく．

さらに，既存の組織は，Fayolのプロセスに則れば，計画を実現させるために設計されていく．計画に明示されていないような案件を実行するための組織は，通常，公式には存在しないのである．

6.3.2 集団や組織で取り組むことによる特徴

個が主体的に取り組もうと考えても，集団や組織が作った様々な仕組みにより，その機会が奪われてしまうことによって，計画以外のことに取り組めなくなってしまう．組織が抱える長期の課題解決は，すべて計画に盛り込まれているとは限らない．組織が抱える長期の課題解決に向けて，計画に反映

されていないものも含めて取り組まなければ、組織の存続は危ぶまれる。

　一方、組織の中では、協調することができ、また競争することもできることを指摘してきた。集団であることによって、1人ではなく、協調し取り組める。このことは、自身に心強さを与えるとともに、コミュニケーションによって、集団に新たな解決策を生み出す可能性をもたらす。また、自身にメンバーとの競争心が芽生えるとともに、その結果、相互の切磋琢磨を可能とする。

　集団の中に同調する行動が一切なくなったら、上記の協調行動や、良いライバルのようなものは生まれない。みんなと協力することは、ある程度同調することによって実現すると考えられる。また、一定のルールに則って、つまりその部分で同調することで、公正な競争が行われる。集団活動には、同調は欠かせない現象である。

　また、組織を統制し、組織全体を目標に向かわせるために、計画は無くてはならないものである。取り組むことが明確になり、その役割がはっきりとすることで、個人が、目標に向かって取り組めるとともに、組織全体の統制がとれる。

　この現象は、組織であるがために生じるものであると考えられる。一旦、組織が作られることによって、多かれ少なかれ同調行動が観察でき、学習が始まっていく。そして、計画を立て、それを達成するよう運営されていく。そのため、集団や組織である以上、集団や組織であるがために起因する、個の主体性を阻む問題を取り除くことは困難である。

　また、いずれの研究も、組織としてある部分、正論を突きつけているにもかかわらず、結果として組織が衰退する方向へも進んでしまう現象を指摘している。変えることができなかった組織の中では、おそらく、新たな方向性を見出そうと努力した人達、すなわち、個の主体的・能動的活動に取り組んだ人達が存在していたことと思う。それにもかかわらず、もっともらしい理由によって、そして正当性が強く裏付けられた判断によって、組織は変わることができなかった。いわば、組織をきちんと運営するための活動、それ自体が個の主体的・能動的行動を阻害する可能性がある。集団であることが、個を埋没させる側面と、個を活かす側面の両面を持ち合わせているのである。

このように，集団や組織に隠されている個の主体性を阻む壁を，組織の壁と呼ぶことにする。

6.4 市場が個の主体性を発揮した結果を受け入れない

最後に，市場レベルで生じる壁について見ていこう。

6.4.1 市場で生じる障害の概要

自らの防衛的思考に打ち勝ち，組織に埋め込まれている様々な障害を乗り越えたとしても，生み出された製品・サービスは，必ずしも顧客に受け入れられるものではない。顧客のニーズに合致していなければ，自分が良いアイディアだと思っていても，顧客の購買意欲は刺激されない。組織の存続のためには，個の主体的行動が最終的に顧客に受け入れられる必要がある。発揮された主体性は，価値をもたらす場合もあれば，残念ながらコストだけを費やす場合もある。

提案されたものが顧客に受け入れられないということは，予測することが困難であることに起因する。将来を見通すことができれば，それを見越して計画を立て，顧客に受け入れられる製品やサービスを提供することができる。しかし，未来を完璧に予測することは，事実上できない。そのため，新たに開発される製品やサービスが顧客に受け入れられるかどうかは，不透明である。

この不透明感を低減させるために，顧客ニーズの調査を試みる。しかし，まだ存在していない製品やサービスに対して，顧客が欲しているかどうかを判断することは難しい。顧客ニーズの測定は，現存している製品やサービスについて把握することしかできない。そのため，組織は市場に製品やサービスを投入する前に，その製品やサービスがどれほどの価値をもたらすのかが分からないのである。

こういった状況に対処するために，個が，マネージャーから言われたことをそのまま取り組むのではなく，主体的に顧客と向き合う必要性を述べてきた。それでもなお，個からの提案が市場に受け入れてもらえることが難しい

理由として，目の前の顧客が必ずしも顧客であり続けるわけではないことがあげられる。同様の機能を持っていても，これまでになかった価値が加わることで，新しい需要が創り出される。これまでの顧客から見れば，それほど魅力を感じていなくても，新たな価値が加わることで，新たな用途が創り出され，それによって，全く別の顧客が主力となりうる場合がある。例えば，機能が劣っていたとしても，著しくサイズダウンが図られたことで，持ち運びが便利となる。初期のSONYのウォークマンがその典型例である。

逆のパターンとして，今の顧客が，今後も長きにわたって顧客であり続けることも難しい。今の顧客の話に一生懸命に耳を傾け，彼らの期待に応えようと取り組んでも，その顧客が将来，自分達の顧客ではなくなってしまったら，その声に応えようとしていた行為は実を結ばない。

加えて，アイディアを創り込んでいる最中や開発途上において，状況は刻一刻と変化している。そのため，実際に製品やサービスを市場に投入しようという際に，当初考えられていたことが，あまり魅力的でなくなってしまったり，競合他社から同じようなコンセプトのものが先行されてしまったりする可能性がある。未来をしっかりと予測することができれば，それを踏まえた開発が可能であるが，何が起きるか分からない中での取り組みは，非常に難しい状況にあると言えよう。

個が現在の顧客に向き合い，新たな取り組みを模索しながらも，気づいてみると，顧客から見向きもされなくなってしまう現象を指摘しているのが，Christensen［1997］のイノベーションのジレンマである。ここで描かれている現象には，新しい技術が将来必要となる技術であるかどうか分からない部分と，組織が新たな顧客への転換を妨げてしまっている部分の2つの要素が含まれている。詳細な検討は本書の目的とやや異なるので割愛するが，外部の環境の変化に対して，組織の中の個が思い通りに対応することができない点については極めて興味深い。同時に，「破壊的」とされた技術についても，個の主体的・能動的活動の結果である可能性があり，双方において，本書で取り上げている個の行動の結果であると言える。

本項で問題とするのは，「破壊される」方に取り組んでいる個である。彼らは目の前の顧客に対して，できるだけ応えようとしている。他の技術では，

今の顧客を満足させることができない。それならば，今の技術で顧客をもっと満足させるように性能の向上に取り組んでいると，やがて自分の顧客からは，望まれていないレベルにまで性能が向上してしまうことに，後から気づくのである。

　企業の外部環境に対して，個の力では到底及ばない部分があることは，生態学を援用した，Burgelman［1991, 2002］にも表れている。言うならば，思いがけず世の中に受け入れられてしまった現象である。インテルの，メモリーメーカーからMPUメーカーへの脱却に成功した個の働きは，偶然，MPUの発注をした企業に巡り合い，偶然そのような取り組みが功を奏し，結果として，そのような企業が外部の環境に受け入れられた，という論理である。進化論でいうところの環境決定論的要素の指摘である。もちろん，企業自身の努力によって企業は変わっていく部分もある。しかし，外部の変化に対して，抗えない結果的な要素があることも，また事実である。

　環境変化に対応するために，個の主体的・能動的行動が期待されている中で，ChristensenやBurgelmanが指摘している，存続に向けた取り組みもまた，個を活かす取り組みに欠かせない。個が活きるためには，これらにも注視していく必要がある。

6.4.2　市場で生じる障害の特徴

　個が従来の延長線上で顧客ニーズを捉えてしまうことは，組織にとって将来の収益が保証されなくなってしまうことを意味する。外部環境の変化により，顧客のニーズは不連続に変化すると考えられているからである。そのため，組織の存続にとって大きな問題となる。

　一方，現在の顧客ニーズをしっかり捉え，彼らに喜んでもらえるよう努力することも重要である。既存の顧客に向き合うことは，短期的収益を改善させる。現在の市場で，どの程度，顧客に受け入れられているかというのは確かな情報である。ここでは，既存顧客から確実に収益を上げていくことが可能となる。その結果，将来に向けた投資資金が蓄積されるのは，PPM（Product Portfolio Management）の発想である。

　市場がいつ変化するかは分からない。小さな変化の蓄積もあれば，技術革

新によって大きな変化が生じるかもしれない。こういった不透明感が高いがために，将来に向けて，市場が変化することを想定して取り組む必要がある。

それでは，既存顧客を捨てて，将来の顧客にだけ対峙することができるであろうか？　これは，いくつかの理由で非常に難しいことが分かる。1つは，資金的な問題である。一般的に将来に向けた取り組みはリスクが高いため，コストがかさむ。この資金をどこから持ってくるかという問題である。企業規模が小さければ，新規顧客のみを対象とした研究開発型に特化した企業形態も可能であろう。しかし，ある程度の従業員を抱えている企業にとっては，雇用を維持するために，安定した収益源は欠かせない。

もう1つは，市場情報の問題である。既存の顧客から得られる情報から，近い将来の市場の変化を察知することができる。このような情報が得られなければ，将来の市場に向けた製品やサービスの探求は極めて難しい。

このように，将来の市場だけを対象として取り組むことは，大規模企業としては得策ではない。当然ながら，既存顧客だけでは，将来に大きな不安を抱えることとなる。また，既存顧客に見放されてから新たな取り組みをする場合，資金的ゆとりが少ない。キャッシュフローが少ない中で将来に向けて構想すると，取り組めるオプションは少なくなってしまう。既存顧客に対して向き合うことと将来の顧客を探索することは同時に取り組むことが望ましい。

このように，市場で直面する個の主体性を阻む壁を，市場の壁と呼ぶことにする。

6.5　問題点の整理

実際の企業の現状や組織の問題を指摘した先行研究を引き合いに出しながら，個が活きない状況について検討を加えてきた。個の主体的・能動的行動を引き出すマネジメントのどの部分が弱かったのであろうか。あるいは，どの部分が不足しているのであろうか。

1つ目には，個の持つ防衛的思考に対する配慮が必要である，という点にある。個人が負うリスクについては，すでにモデルに組み込んでいた。しか

し，Argyrisは，リスク回避行動を正当化してしまうことを指摘している。つまり，新たな取り組みをしないことが良いことであるという理由を，様々な観点から積み上げてしまう。その結果，新たな取り組みをすることが悪いことと評価されかねない。これらに負けないくらい，より積極的に個人のリスク回避行動を防ぐ必要がある。

　2つ目には，個の主体的・能動的行動への集団的・組織的介入である。集団や組織が悪意をもって個の行動を邪魔しているのではなく，集団であるがゆえに生じてしまったり，組織が一体となって取り組むために不可欠な仕組みによって，場合によっては，これらが複合的なものとなって，個の活動が阻害されてしまうことが，先行研究やアンケート調査から伺い知ることができる。個の主体性・能動性を活かすには，こういった集団や組織による阻害要素を考慮し，避けていく，あるいは，軽くできるような取り組みが必要になってくる。

　3つ目に，個の主体的・能動的行動が，将来の顧客に受け入れてもらえるかどうか，といった点が問題となる。顧客は外部の環境変化に呼応して，刻一刻と変化してしまう。こういった状況にしっかりと適応することができるようにする工夫が必要である。この点については，モデルでは，個が市場動向を自ら注視することで対応することが想定されていた。しかしこの方法だけでは，個に多くを依存し過ぎていると考えられる。人は神ではなく，十分に将来を予測することなどできない。また，すぐに新たな取り組みに取り掛かれるほど，柔軟ではない。人は連続的にしか変化できないのである。そのような個人に，将来を見通す責務を負わせるのは，荷が重すぎるのではないだろうか。組織として，変化する顧客に対応できる仕組みをもう少し整えておく必要があるであろう。そのことが，以前高く評価された企業の停滞や，続かないヒット商品に表れていると考えられる。これらの問題を明確にするために，第Ⅱ部でこれら3つの視点について検討を加えていくこととする。

　一方で，これだけ組織に問題が多く含まれているのであれば，企業組織ではなく，個人自ら独立し，個が活きる道もまた1つの選択肢であると考えられる。2章で述べてきたように，社会的にもベンチャーを実践する基盤が整ってきている。あえて，組織の中で個を活かさないといけないのかどうか，

4章で検討した。組織の中で個を活かすことで効果が期待できる場合においてのみ，前述の取り組みが有効となろう。

6.6　3つの局面はすべて内在的かつ両局面ともに必要としている

　先行研究から自己の壁，組織の壁，市場の壁の3つの局面を抽出し，その特徴を述べてきた。いずれの研究においても，組織に不具合を生じさせる問題を指摘している。これらの問題に共通している4つの点を検討していくことにする（**図表6－1**）。

　第1に，いずれも，ある程度の期間観察すると生じる問題を取り上げていることは，興味深い。短期間であれば顕在化しにくい問題であるが，ある程度の期間を経ることで問題となるものである。期間の長さは，1，2年ということもあるが，10年，20年という場合も考えられる。通常，組織の計画は，1年ないしはもう少し短い期間で設定される。組織の存続を考えるのであれば，1期の活動ではなく，複数回サイクルが回転することを想定しなくてはならない。1つのサイクルの中での活動にうまく取り掛かるのであれば，先行研究が指摘した問題を避けることは可能であろう。しかし計画を遂行したことによる弊害は，1期の計画が終わってから明らかになる。また，計画に反映されていないことを実現するためには，計画の期間よりも少し長い期間を要する。こういった長期のプロセスを念頭におくと，当然，想定されていない環境変化が生じることとなろう。あるいは，10年，20年と寿命の長いビジネスモデルを持っていれば，その間，変化へ対応する必要性は少ないかもしれない。それぞれの想定している期間内であれば，問題とならないが，想定している期間を超えた場合に，問題となる可能性が出てくる。

　第2に，これらの問題は，対象となる事象そのものが元来持っている特徴に由来している，という点にある。個そのものが持っているのが防衛的思考である。集団や組織である以上，その目的を実現させるための計画の策定と実行をするという特徴を持つ。現在の顧客が必ずしも将来の顧客にならないのは，顧客が持つ自身のニーズを満たそうとする行動の不安定性や複雑さのためである。それらに密接に関係しているのが，外部環境の変動である。

図表6-1　先行研究に共通する特徴

	壁に共通する特徴	その結果，考慮しなくてはならない条件
長期性	一定期間を想定している	継続的に，対処しなければならない
内在性	対象そのものに内在している	避けたり，取り除いたりすることができない
両面性	善悪の両面を持ち合わせている	良い面もあるので，全否定できない
再発性	対処を怠ると再発生する	常に両面を意識するため組織に不安定な状態を強いる

出所：著者作成

　元来持っているものである以上は，これらを避けたり，取り除いたりすることはできない。短期間であれば，その一側面だけに焦点をあて，否定的な側面が表れる前に結果を問うことも不可能ではない。しかし，第1の点を考慮すると，こういった側面を無視することはできない。

　第3に，それらの特徴は，悪い側面だけを持ち合わせているのではなく，別の見方をすると欠かせないものであることがある。個が防衛的になることによって，ルーチンが形成され，より効率的に物事を進めることができるようになる。それによって，新たなものへと取り組む余力が生まれる。また，組織の計画的な取り組みは，組織を統制し，効率よく進める上で不可欠なものである。常に新しい顧客を追い求めるのではなく，現在の顧客に向き合い，彼らのニーズに応えることで，当座の収益がもたらされる。

　良い側面があることは，そのような取り組みを肯定する正当な理由となる。ルーチンに取り組むこと，計画を忠実に効率的に実行すること，目の前の顧客のニーズを満たすべく全力で取り組むことを否定することは難しい。しかし反面，そればかりに没頭することで，個は活かされず，その結果，やがて組織の存続が危うくなるのは，既述のとおりである。

　第4に，3つの壁は，繰り返し訪れる点にある。新しい取り組みや計画にはない企業の長期的課題の解決を目指した活動が一旦始まると，あるいは，既存の顧客ではなく新たな顧客のニーズに応える取り組みに従事すると，その次からは，より効率的にできることを考え，ルーチンの形成を目指すこと

になる。そのためには，計画に落とし込んで，組織全体でうまく進めていこうとする。転換した際には，新たな取り組みに対するいくつかの壁が低くなるが，その後，効率を目指した取り組みが始まる頃には，次第に壁が出現し，高く，丈夫なものへと変わっていく。

壁の形成と崩壊が繰り返されることは，組織に対して，常に不安定な状態を強いることとなる。ある時まで良かったことが，突然，否定されることも考えられる。その対象は，一個人だけではなく，一部署であったり，一子会社であったり，場合によっては，企業組織全体にわたる場合すら想定できる。企業はこういった状態を受け入れる必要がある。

6.7 3つすべてを解決して個を活かすマネジメントが機能する

個を活かすためには，3つの壁が立ちはだかっている。壁が常に存在しているわけではないが，3つの局面のどこかで壁が生じたことによって，個が活きなくなってくる。このことは，個が3つの壁を乗り越えないといけないことを意味すると同時に，3つの壁がすべてなくなって初めて，個が活きることになる。**図表6-2**を用いて，少し整理してみよう（図表6-2）。

Aは，個がすべての壁を乗り越えた状態である。この状態になって初めて個が活きたと言える。

Bは，個人は挑戦的に取り組め，組織も後押ししたが，その事業は，社会や顧客から認められなかったケースである。組織は個を活かしているが，個は価値を創り出すことができなかったという点において，個が活きたとは言えない。

Cは，個人は挑戦的に取り組めているが，組織から認められず，個の活動だけで終わってしまっている。その事業は，社会や顧客からも認められていない。個だけが自己陶酔し，空回りしている状態である。

Dは，社会や顧客から受け入れられるようなアイディアであり，組織も後押ししたが，それに取り組む個人の勇気が足りなかったケースである。才能はあるのに，結果を導けない状態にある。多くの場合，アイディアが良ければ，代わりの担当者が取り組むことになるが，発端となった個を活かしてい

図表6-2　個が活かされないパターン

○：壁を越えた，×：壁にぶつかった

壁の種類	自己	組織	市場
A：個が活きた	○	○	○
B：組織も後押ししたが，アイディアはお客さんに受け入れられなかった	○	○	×
C：個だけが空回り	○	×	×
D：アイディアが良く，組織も後押ししたが，個の勇気が足りない	×	○	○
E：組織だけが空回り	×	○	×
F：お客さんに受け入れられるアイディアだったが，組織と個のハードルが高い	×	×	○
G：全てがダメ	×	×	×

出所：著者作成

るとは言えない。

　Eは，組織が新しいアイディアを個に求め，ちょっとしたアイディアが持ち込まれたが，市場で受け入れられるものではなかったケースである。組織は従業員に働きかけるが，従業員には響かず，良いアイディアがでてこない状態である。

　Fは，社会や顧客に受けいれられるアイディアだったが，組織はそれを認めず，個人もそのアイディアの実現に向けて行動できなかったケースである。もし，このような状態にあるアイディアがあれば，おそらく，他社がそのアイディアを取り込むことであろう。

　Gは，すべての局面で壁を乗り越えられなかったケースである。ちょっとしたアイディアがあり，組織レベルで検討し，少しは取り組んでみたものの組織としてすぐに撤退を判断し，社会や顧客から受け入れられなかったケースが該当する。

　このように，すべてのシナリオを検討すると，すべてがうまく行った場合にだけ個が活きることになり，個を活かすことは，非常にハードルが高いこと言えるかもしれない（**図表6-3**）。企業によっては壁は低いかもしれない

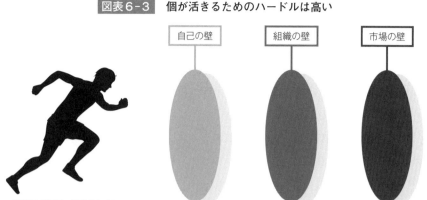

図表6-3 個が活きるためのハードルは高い

自己の壁　組織の壁　市場の壁

頑張るだけじゃ越えられない

出所：著者作成

が，どの壁も存在しうる。個を活かしていくことの必然性を考えると，企業には，これらの壁を低くする努力をしていくことが求められよう。

6.8　個を活かすだけでは，価値を創れない

　壁を考慮しながら個を活かすマネジメントに取り組むことで，個は活きていく。しかし，これだけでは，組織の成果に結びつくわけではない。企業行動は，個の行動だけで説明することができないからである。

　企業の利益の源泉は，清水［1984］が指摘したとおり，中にいる従業員の創造性の発揮にあるが，組織成果へ導くためには，従業員の創造性の発揮をつなぐ，経営戦略を実現させる経営組織のプロセスが欠かせない。個が活かされていない事象には，組織のプロセスに起因する問題も含まれている可能性が高い（**図表6-4**）。

　個を活かすプロセスは，多かれ少なかれ，多くの企業で取り入れられていることを指摘してきた。しかしながら，3つの壁が時折邪魔をし，十分に個を活かすことができずにいるといった状況が，アンケート調査の結果から読み取ることができた。さらに，個と個をつなぐことで，これまでうまく続かなかったヒット商品を継続的に生み出せる可能性が高まると考えられる。事業戦略や全社戦略とも結びつき，好不調の波は抑えられるであろう。こう

図表6-4 個を活かすことと組織成果の関係

各段階と取り組み	期待されている結果	指摘した状況
個の主体性尊重のマネジメント	個が主体性を発揮	多くの企業で多かれ少なかれ取り組んでいる
個を活かすことを妨げる3つの壁に対処	個が壁を乗り越える	個を阻んでいるアンケート調査結果
個と個を繋ぐ組織的のプロセスや，各種機能戦略・事業戦略・全社戦略	個が組織の中で各種戦略に主体的に取り組む	継続的にヒット商品に恵まれていない
戦略の成果	安定した企業業績・存続	好業績が継続しない
産業の成果	日本全体の産業が好調	1人当たりGDPや生産性が低い

出所：著者作成

いったことが普及することで，日本の低い1人当たりGDPや労働生産性が向上することとなろう。

個を活かさなくても，良い経営戦略や良い経営組織に恵まれた結果として，組織成果がうまくいっていることもある。組織が機能していなくても，短期的に個が活き，良い戦略が構築されていれば，ある程度の成果はもたらされるであろう。良い戦略が作られなくても，個が活かされ，組織が機能していれば，ある程度はうまくいく。

しかし，継続的に価値を創り出していくためには，個を活かし，組織を機能させ，良い戦略を構築することによって組織の存続を図っていくという，好循環を生み出していくことが不可欠となる。それぞれのレベルがかみ合わないと，組織は存続できない。

6.9 本章のまとめ

個の主体性尊重のマネジメントを実行するだけでは，個を活かすことは難しい。3つの局面で，それぞれ壁が存在していることが分かった。

第1の壁は，個は本質的に防衛的思考に支配されていることである。その

ため，失敗に寛容な姿勢を示すだけでは，十分に個を活かすことは難しい。
第2の壁は，集団や組織それ自体が，個の主体性を阻んでしまうということである。そのため，個が主体性を発揮する機会が限られてしまう傾向がある。第3の壁は，将来を想定して顧客を捉えようとしても，将来の顧客は不確かであり，彼らに受け入れてもらえるように取り組むことは非常に難しいことがあげられた。

これらの壁は，長期を想定し，対象そのものに内在し，両面性を持ち合わせ，必ず再発生する特徴を備えている。そのため，個の主体性尊重のマネジメントに継続的に取り組み，良い点，悪い点を含めて対応する必要がある。

3つの壁を指摘してきたが，そのうちの1つだけに対処しても，個を活かすことにはつながらない。すべての壁に対処してようやく，個を活かすことに結びつく。また，個を活かすだけではなく，戦略や組織レベルで対処しなければ，組織業績まで昇華しない。

本書ではこれから，3つの壁はどのようなものなのかについて，問題を掘り下げていくこととする。その結果，これらの壁への対処方法が明らかになることだろう。

第7章

自己の壁

> **本章の狙い**
>
> - 自己の壁とはどのようなものかの理解を深める。
>
>   イノベーションを実現するために，個が最初に対処しなければならないのは，自分の中にある自己の壁である。この壁を越えるためには，まず，自己の壁がどのようなものなのかを，自身とマネージャーが理解しておくことが望ましい。その特徴が分からないまま，自己の壁に対処することは，短期的成果はもたらすが，長期的にはマイナスに作用してしまうことすらあるからである。
>
> - 自己の壁を乗り越える方策を検討する。
>
>   自己の壁の特徴をつかんだ後には，自己の壁にどのように対処することが望ましいか，適切に考えることができる。

> **本章を読む前の準備運動**
>
> - 自身，あるいは知人，友人が自身の壁に直面した場面を想像しよう。
>
>   これまで，自身が自己の壁に直面したことがあるのかどうか，また，どのようにしてその壁を乗り越えることができたのか，あるいは，できなかったのか，自省してみよう。そのような経験がなければ，自身の周囲で，自己の壁に取り組み，乗り越えた人や乗り越えられなかった人がいないか見渡してみよう。壁の特徴や壁を乗り越える方法を事前に想像しておくことで，理解を早めることとなろう。

イノベーションを引き起こさなければ，企業の存続は滞る。その際，現場の従業員に対していかに挑戦を促すかが重要なポイントとなる。そのためには，まず，自己の壁を打ち破っていくことが期待される。

自己の壁は，個の中にある防衛的思考に代表される，個に内在するものである。取り除けるものではないため，表面的にそのような行動を押し込めようとしたり，他のものを強調しようとしたりしても，自己の壁は突然顔を出すことになろう。また，そもそも防衛的思考は，人が生きていく上でも必要なものであり，また，それによって，企業組織がうまく回る側面もある。自己の壁に対処することを考える前に，まず，自己の壁についての理解を深めていくこととしたい。

7.1 自己の壁とは

自己の壁の根底には，Argyris［1991，1994，2010］が指摘している防衛的思考があった。これは，破壊的な変化が生じた場合，自身を守るように行動することである。この壁の難しい点の1つは，目指している行動をしているように自分自身で思い込むようにしながら，実際，多くの人達は，防衛的思考に支配され，大きな変化に対して抗ってしまうことにある。つまり，新しいことへの試みには失敗がつきものであり，新たな取り組みを行うためには，これらの失敗に挑戦していくことが必要であることは，多くの人達が理解している。しかし，人は，常に失敗のリスクをテイクすることができるとは限らない上に，様々なもっともらしい理由によって，自身を守る判断や行動をとってしまうのである。

こういった現象は，様々なアプローチによって指摘されている。その概要を見ながら，自己の壁を越えることの難しさを再認識していこう。

7.1.1 Maslowの欲求階層説の安全欲求

広く普及している人間の欲求に対する考え方の1つに，Maslow［1954］の欲求階層説がある。この考え方は，人間の欲求は5つの階層をなしており，動機づけるためには，現在満たされている欲求の1つ上の欲求を満たす必要

があることを示唆している。

この欲求階層の内，最下層の生理的欲求の上に位置づけられているのが，安全欲求である。人は，生きていくために求められる衣食住に関わるものを満たそうとする欲求である生理的欲求が満たされれば，より安全に生きていこうとする。その欲求こそが安全欲求である。

この安全欲求は，何も，命の安全についてのみ言及したものではない。Maslow［1937］によると，人は，全く知らないものよりも，知っているものに手を出す傾向がある。つまり安全欲求は，「知っているものの方が安全である」と解釈することができる。

職場の状況に当てはめると，生死を分けるようなものではないが，当の本人にとっては，仕事を失ってしまったり，職場での地位を失ってしまったりすることを過大に心配しがちである。新たなことに取り組んで得られるベネフィットよりも，それに失敗することで失うものが大きすぎると感じて仕事に取り組んでいるのであれば，Maslowの安全欲求を充足させる行動という観点から説明することができる。

7.1.2 期待理論による解釈

動機づけのプロセスを説明する上で，最も説得力がある理論の1つに，Vroom［1964］が提唱した期待理論がある。その後，多くの研究者によって，精緻化が試みられている。その基本的な考え方は，自身の努力が成果にどのくらい結びつくかの主観的確率（期待性）や，努力した結果が魅力的であるかどうか（誘意性）が問われる。期待理論を援用した場合，新たな取り組みが成功するかどうかの確率が期待性であり，成功した際に得られるベネフィットが誘意性である。

新しいことに取り組んで成功した場合に得られるベネフィットは，確かに高いかもしれない。しかし成功するかどうかの確率は，期待理論によると，そもそも新しい取り組みを機会として認識しているのか，自身の能力が備わっているか，また，失敗した場合のリスクをどのように認識しているかに影響される。例えば，起業を考えている場合，事業の機会を認識し，能力があり，失敗の恐怖に打ち勝てるならば，起業に挑戦する可能性が高まる。逆

図表7-1 国ごとにみる機会や能力の認識と起業時の失敗の恐怖

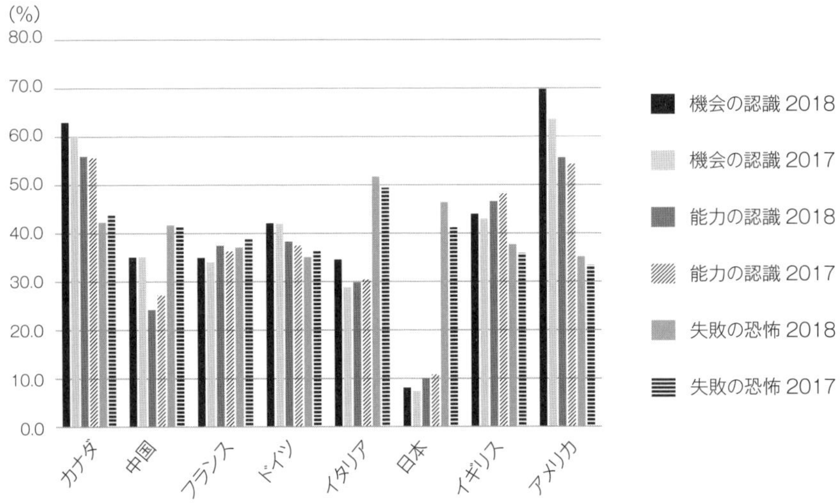

(グラフ：カナダ、中国、フランス、ドイツ、イタリア、日本、イギリス、アメリカの機会の認識2018・2017、能力の認識2018・2017、失敗の恐怖2018・2017)

出所：Global Entrepreneurship Monitor

にそのような認識が低ければ、起業に挑戦しないことになる。

こういった、個人の認識の状況によって起業率が上下する傾向は、バブソン大学とロンドン大学との共同研究による、Global Entrepreneurship Monitor（GEM）から読み取ることができる。G7にGDPで世界第2位に躍進した中国を加えた、2017年と2018年のデータを見てみよう。まず、労働力人口の中で、事業を始める良い機会と感じている人の割合（機会の認識）および事業を始めるスキルや知識を備えているという人の割合は、他国と比べて日本は低い。一方、新事業に失敗することの恐怖は、アメリカと比べると高い。失敗の恐怖は、他国と比べて著しく高いわけではないが、事業の機会や能力の認識は明らかに他国と比べて低い（**図表7-1**）。

一方、起業活動がどのくらい活発かを指標化したTEA（Total Early-stage entrepreneurial Activity）を示したものがある（**図表7-2**）。これを見ると、日本は低位にあり、アメリカ、カナダ、中国、イギリスが高位にあることが分かる。

ただし、事業の機会、能力の認識や失敗の恐怖と、起業活動の活発化は必ずしも直結していないこともまた同時に読み取れる。つまり他国を見る限り、

図表7-2 国ごとにみる起業への意欲の変化

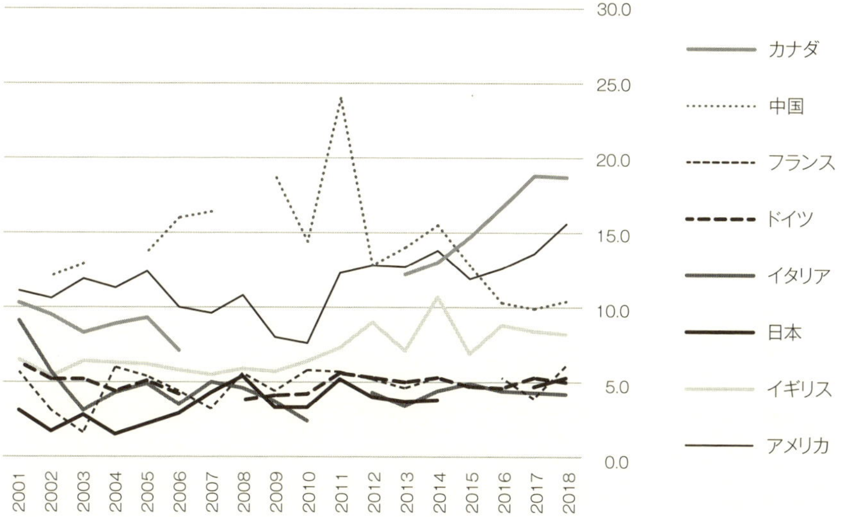

出所：Global Entrepreneurship Monitor

事業を始める機会の認識や自身の能力の欠如，失敗が怖いからといって，起業の意欲が低いわけではなさそうである。中国は，必ずしも事業の機会を明確に認識し，起業に向けた能力が高く，失敗に対して恐れていないわけではない。起業に向けた意欲は，これらの認識だけでは説明できないということも示唆している。

7.1.3 既存モデルではどのように対応しようとしていたか

この点について，個の主体性尊重のマネジメントの中では，仕事がなくなってしまうという労働者にとっての最大のリスクは，雇用保障によって軽減させていくことに加えて，失敗の寛容で対応しようとした。

しかしながら，失敗のリスクに関する個人の認知の状況が問題であり，いくら組織が失敗に対して寛容であったとしても，個が防衛的思考に縛られてしまえば，前に進むことができない。加えて，「失敗」といっても，実に様々であることが，いくつかの研究で指摘されている。ゆえに，単に失敗に寛容であっても，十分に個が活きるとは限らないことが分かってきた。

7.2 自己の壁の問題の難しさ

　個人が失敗のリスクをできる限り感じないようにすることによって，自己の壁の出現をある程度は抑えることができよう。それでは，個が感じる失敗とはどのようなものだろうか。

　「失敗の研究」については，いくつか目に留まるものがある。旧日本軍を題材とした戸部ら［1991］による『失敗の本質』は著名なところである。ただ，これは，個人の意思決定に焦点があてられているものの，組織的な失敗を取り上げている。なぜ組織は過ちを防ぐことができなかったのか，という疑問に対する回答を探った研究であり，本書で取り上げる個人が感じている失敗に対するリスクとは異なる。

　「失敗学」は，畑村［2005］が提唱している，失敗から学ぶアプローチである。『失敗学のすすめ』あるいは，中尾［2005］『失敗百選』［2010］『続失敗百選』［2016］『続続失敗百選』で扱っている内容も，本書で扱う内容と重複している部分があるものの，少し違和感がある。これらの多くは，取り組んだ事象と，失敗と判定される内容との間にかなりの時間差がある。ある一定期間は，成功例あるいは問題がないと認識された後に，その後，少なくとも当事者は気づいていなかった問題が発生し，大きな事故という失敗を引き起こしているものを取り上げている。本書で取り上げている内容は，成功を導く前の失敗のリスクの認知や，失敗を避けたり，それを乗り越えたりするためのものである。

　従業員の失敗についての扱いの混乱について，Edmondson［2011］は，非難されるものから，称賛に値するものまでを並べ，整理した。最も称賛に値するものが，探索型のテストであり，最も非難されるものが，故意の逸脱である。従業員による失敗はこのように広範にわたる（**図表7-3**）。

　このうち，非難されるものが目立つがために，「失敗は許されないもの」というイメージが伴っている可能性がある。日常業務の多くは，日々のルーチンに落とし込まれている。そうした中で生じる失敗は，プロセスの不備や能力不足，不注意といった，非難される失敗に含まれるものが多い。とりわ

図表7-3 称賛される失敗と非難される失敗

```
           ↑        探索型テスト      ┐
       称賛に値する   仮説の検証       │
                    不確実性         │  これらが挑戦に対する失敗
                    プロセスの複雑さ   ┘
                    タスクの難しさ    ┐
                    プロセスの不備    │
                    能力不足         │  これらが「失敗学」の対象
        非難される   不注意          │
           ↓        故意の逸脱       ┘
```

出所：Edmondson［2011］を参照して著者作成

け日本では，義務教育の中で，正解のある問題を解く教育が普及し，失敗があるたびに減点される方法が定着してきた。人事評価でも，100点からの減点で評価されるケースは，100点という正解があることが前提の上に成り立っている。110点や120点といったことは想定されていない。こういった減点主義の風潮も，失敗が許されない雰囲気を醸成していると思われる。

しかしながら，新しいことに取り組む際，最初からうまくいくことはほとんどない。とりわけ，誰もが一度も成功していない事象については，うまくいかなかったことを積み重ねて，少しずつ，うまくいく状態に近づけていくプロセスをたどる。うまくいかなかったことから学びとることで，成功へと近づく。図表7－3の中では，探索型テスト，仮説の検証，不確実性，プロセスの複雑さ，タスクの複雑さに起因する失敗によって，これまで分からなかったことに対する学びがある。その学びがなければ，新たな領域での成功は得られない。

現実の職場では，こういった，称賛すべき失敗と非難される失敗とが混在していると考えられる。主にルーチンに取り組んでいる職場では，新たな取り組みはほとんど行われない。そこで，新しいプロセスに取り組んだものの，思い通りの結果にならなかったような，称賛に値する失敗をしてしまった場合でも，それが主にルーチンに取り組んでいる職場で起きたときは，非難さ

れる失敗として扱われる可能性が高い。そうなると，称賛される失敗であったとしても，できるだけ取り組まないように行動してしまうことが容易に想像できる。

7.3 自己の壁を乗り越える研究

こうした個人の失敗に対するリスクがあるにもかかわらず，新たな取り組みに挑まなければ，組織の存続が危ぶまれる。そのため，降り注ぐリスクに対して個が防衛的な行動をとらないようにするために，組織は多くの方法に取り組んできた。

7.3.1 リスクへの対処方法

リスクへの対処方法は様々である。議論を整理するため，リスクのタイプについて，リスクマネジメントの議論を援用したい。吉川［2007］あるいは朝日監査法人［2001］によると，リスクのタイプは，概ね，回避，軽減，移転，保有に分類される。回避は，原因となる活動を中止したり，目標そのものを変更したりすることである。軽減は，被害を軽くするために，予防策を構築したり，分散したり，限定したりすることを指す。移転は，アウトソースや保険を用いて，リスクを他社に移すことである。保有は，自社内で準備金を用意したり，リスクが軽微なものであるために対処しないものを指す。

この考え方を，新たなことに挑む個人に援用してみよう。回避は，新たな取り組みに挑まないため，本書の議論からは外れる。また，個人に降りかかるリスクを他者に移す例としては，例えば，新規事業をスタートアップ企業に移転させ，成功後，買収するようなものが該当する。本書では，あくまでも自社内の従業員を活かすことを念頭においているため，これも本書の議論の対象外となる。本書で取り上げることは，軽減と保有，すなわち，個が負うリスクを軽減させ，リスクの一部を企業がしっかりと担保する方法と，従業員がリスクを負ってなおかつリスクのある新たな事業に取り組めるようにするものが該当する。

7.3.2 リスクを軽減させる

　リスクを軽減させる方法には,「小さなリスクで始める」「大きなリスクとならないことの保障」「失敗の積極的評価」がある。

小さなリスクで始める

　大きなリスクを負うことは,個人にとっても組織にとっても負担となるため,探索的に取り組むビジネスでは,最小単位でビジネスを始め,無駄を省きながら試行錯誤で取り組むリーンスタートアップをRies［2011］が提案した。ここでの重要な点は,あくまでも探索であり,その後のビジネスを見極めるための取り組みである点にある。走りながら学びを継続し,次第に大きくしていくことが期待される。この手法は,スタートアップのリスクを可能な限り小さくし,積極的に新規事業を創り出すことに焦点をあてがちであるが,最終目標は,その後のビジネスの成長にある。

　スタートアップであったとしても,新たな取り組みばかりではない。効率的に進めることができる運営方法が明らかであればそれを援用し,可能な限り無駄を排除していくことも期待されている。

　また,ビジネスを大きくしていくことは,スタートアップとは異なり,段階を追って計画的に行われる。資金調達,設備投資,人材配置,販路拡大等様々な局面があるが,ゼロから始める場合と異なり,これまでの経験が蓄積されており,より効率的に進める方法が,ある程度明らかにされている。それらの経験を活かした計画が立てられていく。

　リーンスタートアップであっても,すべてがリスクを負った活動ではなく,リスクを負うのはある一時点であったり,一部である。それ以外の活動は,ルーチンで進めることが求められている。

大きなリスクとならないことを保障する

　個に降りかかるリスクは,個を活かすマネジメントの基盤となる「雇用保障」によって軽減される。「雇用保障」があれば,たとえ失敗しても,仕事がなくなってしまうような大きなリスクを個が負うことは避けられる。

それでもなお，個は，多くのリスクを感じる状態にさらされている。まず，もともとビジネスはリスクを伴うものである。組織の中で自身が取り組むビジネスが失敗したとして，組織が抱える他のビジネスが安泰であるという保証はない。あくまでも，当座，自身の雇用が守られるに過ぎない。

また，最低限保障されている雇用が，どの程度のものであるかも重要となる。仕事はあったとしても，これまでに組織の中で築き上げてきたものが大きければ大きいほど，個が組織の中で失うものも大きいと認識される。失うものが大きい場合，新たなものに取り組んで失敗することが想像できれば，誰もが躊躇することとなろう。つまり，これまでに成功を積み重ねている人ほど，失うものが大きい可能性があり，新たなことに取り組みにくくなってしまうのである。

リスクの認識は個々によって異なる。最悪の状況を考えてしまう人もいれば，楽観的に考える人もいる。できるだけ新たなことに取り組むようにするために，雇用がどの程度まで守られているのか，しっかりと伝える必要がある。

失敗の積極的評価

個が感じ取ったリスクを直接小さくする，失敗に対する寛容を，清水［1995］やFarson & Keyes［2002］が提唱している。もちろん，前述の，非難される失敗に対して寛容であろうとするのではなく，称賛に値する失敗に対して，寛容であろうとするものである。

具体的には，**図表7-4**のような方法が行われている。失敗を称賛する方法として，社長賞の授与と加点主義人事がある。例えば筆者の調査を見ると，生方製作所では，成功につながる失敗に対して社長賞を出し，新たな取り組みを促している。また，キヤノンでは，挑戦しないことよりも，挑戦して失敗したことによって情報が入手できたことを高く評価するような，加点主義人事が徹底されている。一方，失敗による損失を軽減させる方法として，ペナルティの明文化と敗者復活人事がある。加賀電子では，失敗による減給処分を半年間とし，その後は再び元に戻し，失敗によるペナルティを限定している。YKKでは，失敗したからといって次のチャンスが失われるわ

図表7-4　失敗への寛容のレベル

失敗への寛容の程度	人事施策	内容	事例
失敗を称賛	社長賞	失敗したことを称賛する	生方製作所 馬場[2013a]
	加点主義人事	失敗を減点せず，成功に加点する	キヤノン 馬場[2014b]
損失を軽減	ペナルティの明文化	失敗した場合のペナルティを制限	加賀電子 馬場[2013b]
	敗者復活人事	失敗しても再度チャンスが与えられる	YKK 馬場[2014b]

出所：著者作成

けではなく，何度でも挑戦できる敗者復活人事を実施している。

　これらの方法は，経営者レベルでは認識されている場合があるものの，給与を決める際の基準としては明文化されにくい。どれが挑戦したことによる失敗なのか，区別しにくいからである。例えば，目標管理制度と結びついた達成度による評価において，失敗のリスクが低い取り組みで成功した場合の方が目標を達成しやすいため，称賛される失敗を高く評価する方法の導入は難しい。また，人事のポストは限られており，失敗した人にポストを与えることは難しい。このように，新たな挑戦を積極的に評価する方法は，様々な面で困難な状況にある。

　これらを防ぐために，組織は，失敗からの学びを整備しておく必要がある。新しい取り組みをして失敗したことによって，未知の領域の情報を獲得することができる。その情報を組織の中で蓄積することで，次の機会に活かすことができる。次の機会に活かされれば，失敗したことに対する意義が認められ，失敗を評価することへと結びつけることができる。

7.3.3　リスクを保有する

　リスクを保有しながらも個に取り組んでもらう方法には，成果主義の徹底，危機感の利用，内発的動機づけを導く，自己効力感の高揚があげられる。

成果主義の徹底

リスクを伴う挑戦に取り組んでもらうために，最も古くから取り組まれている方法が，高額な成功報酬を与えることではないだろうか。紀元前の中国の戦国時代に伝えられたと言われている『韓非子』の「内儲説篇　上　七術」の内，2に「必罰」，3に「信賞」が述べられており，信賞必罰の重要性が昔から認識されてきたことがうかがえる。

日本では，近年，大きく2つの流れで，成果主義が浸透してきた。1つは，バブル崩壊により，拡大成長路線が非現実的なものとなり，年功序列終身雇用の仕組みが継続できなくなったことに起因し，提唱されたものである。以前は，馬場［1995］で詳述しているように，社会や経営戦略，経営組織，人事制度などあらゆるものとの間に整合関係が成立していた。その中で評価体系のみに成果主義的要素を大きく組み入れたことにより，整合関係が崩れてしまったことについて，例えば，実務面においては，城［2004］から，理論面においては，高橋［2004］から批判された。

一方，そういった指摘がありながらも，実際には，信賞必罰が大規模企業ほど浸透している。平成29年度厚生労働省就労条件総合調査を見ると，従業員1,000人以上の企業の管理職で，基本給の決定要素に業績・成果が含まれる割合は53.9％，管理職以外で51.7％となっている。また，賞与の場合は，賞与の算定方法がある企業（全体の約90％）のうち，個人別業績が算定に含まれている割合は，従業員1,000人以上の企業の管理職で78.1％，管理職以外で80.9％となっており，程度の差こそあれ，収入面に個人の成果や業績が組み込まれている割合は高い。

もう1つは，青色発光ダイオードやフラッシュメモリーの発明の対価に関する裁判を経て，技術開発の成功に対して，以前よりも個人の成果を高く評価する傾向がある。特許庁の「職務発明制度の概要」を見ると，平成16年に特許法35条に定められた職務発明制度が，従業者等の権利を保護し，発明のインセンティブを確保するために，第3項にて，「相当の対価」の支払いを受ける権利を従業者等が有することを定めている。その結果，企業の活動の一環としての発明であっても，発明に成功した従業員に対して相応の報酬が支払われるようになった。

一方で，個に成果を帰属させることにより，チームや組織として取り組まなければならない側面を軽視してしまう問題も発生し，成果を個に大きく配分させることには，批判的な見方も根強い。これは，組織で取り組む場合，成果の原因が，個によるものだけではないことが大きい。また，給与は，新しいことに取り組んで成功したことだけを取り上げるのではなく，生活給付や，通常業務の円滑な遂行の対価としても支払われる。組織における人事の仕組みは，他の制度と関連しあっているために，新たな取り組みによる成功への対価を安易に組み入れることは難しい。また，成功報酬を高めたからといって，リスクが低くなるわけではない。その点，防衛的思考を打ち消すための方法としては，力不足かもしれない。

危機感の利用

個人が所属している組織が存亡の危機に瀕している状況は，個人にとって，自身の所属先が失われてしまう，すなわち，一時的にせよ仕事がなくなってしまうリスクを抱えていると言える。単に収入が減るだけではなく，組織に所属していることによって獲得できている様々な便益も，同時に失われてしまう。

こういった状況は，組織が存続していくプロセスを観察すると，それほど珍しくなく見出すことができる。環境変化への対応や，組織内部での政治的行動は修正が難しく，存続を阻害する要因が数多くあるからである。

そういった逆境におかれている組織が，再び活力を取り戻すための組織改革の取り組みには，「危機感」といった言葉が頻繁に出現する。清水［1990（pp.107-110）］は，危機感を抱いたトップが従業員に危機感を伝えることで，組織の変革を実現できるとしている。また，金井［2006（pp.65-69）］も，モチベーション論の代表的な分類軸の1つとして，危機感を含む心に緊張をもたらす系統をあげている。

危機から脱する行動は，個の主体的活動にほかならない。危機を認識した場合，危機を脱するために従業員は主体的・能動的に取り組む。これは新しい挑戦だけが，より大きなリスクを回避する唯一の方策であるという背水の陣の考え方に基づいている。そのため，多くの従業員の力を結集し，短期間

で高いパフォーマンスをあげる可能性がある。このような行動を期待して，経営者は，従業員に常に危機感を持ってほしいと時々訴えている。

一方で，そのような危機は，日常的には陥りにくい。もし，日常的であれば，そのビジネスそのものが問題を含んでおり，そこから脱することを考えなくてはいけない。常に危機意識を持ち続けることを経営者は訴えかけるが，危機を意識させ過ぎることによる過剰なストレスは，従業員の健康を害する恐れもある。あくまでも一時的な対処策にしかなりえない。一時的であるからこそ，高いパフォーマンスが期待できる。

加えて，企業が個に認識させる危機感は，あくまでも企業がコントロールできない外部環境要因に由来するものである。企業がコントロール可能な危機感とは，例えば，企業による雇用を盾に取った脅迫によって与える危機感である。これは，「首をきるぞ」という脅しであり，強制であり，個を活かすことにはつながらない。こういったことが横行している組織では，多くの場合，個は企業を去る選択をすることになろう。

内発的動機づけを導く

リスクが高い取り組みでも，好きなことであれば取り組めるのではないだろうか。こういった発想をもとに改めてPink［2009］が内発的動機づけを取り上げている。内発的動機づけは，Deci［1975］が最初に唱えたもので，外発的動機づけとの対比が分かりやすい。

伝統的な動機づけの取り組みは，人に対して外的に何かをもたらし，それがきっかけとなって動機づけられるものであった。これに対してDeciは，人間には本来内面に，何かに取り組みたい動機があることを取り上げ，これを内発的動機づけと呼んだ。

この内発的動機づけは，自ら進んで，自分が興味あること，好きなことに取り組む行動の源である。こういった場合，Amabile［1988］によると，創造的成果に結びつきやすく，モラールの向上にもつながるので，企業の施策として反映されてきた。具体的には，社内公募制や提案制度といったものが該当する。

この取り組みのうち，「自ら進んで」といった部分が，個の主体的・能動

的行動と重なる。そのため，個の主体性・能動性を実現させることと内発的動機づけは通じていると考えられる。

　内発的動機づけは，大きく2つの問題を抱えている。1つは，個人が取り組む業務は，必ずしも内発的動機につながるとは限らない。内発的に動機づけられるような職務だけに取り組めるのであればよいが，場合によっては，誰もが嫌がるような職務が割り当てられる場合もある。そのような状況においても，できる限り主体的・能動的であることが求められている。

　もう1つの問題は，内発的動機づけは，Deci［1975］やKohn［1993］が指摘しているとおり，外発的な刺激に対して脆弱であるという点にある。発端は内発的であっても，そこに外発的な報酬が組み合わさることで，やがて内発的な動機が薄らいでしまうことが指摘されている。

　内発的動機づけを弱めないために，外発的な報酬を制限する方法は，企業組織の中で対応が難しい。なぜならば，報酬は，個人が企業組織で働く目的の最も重要な要素と考えられるからである。仕事の成果は，企業組織からの報酬だけではないが，報酬なくして，企業組織での職務遂行は考えられない。さらに昨今では，個人の内発的動機に基づいた行動に対して報酬を与えなければ，ブラック企業として認定されてしまう。

自己効力の高揚

　リスクのある課題に対処できるかできないかを問われた場合，対処できる，という自己効力を高めることは，新しい取り組みに挑むようにする際の1つの方法である。自己効力とは，Bandura［1977］によると，当該課題を達成できるという自己認識で，自信のようなものである。

　Banduraは，自己効力を高めるためには，次の4つの点が重要であると主張した（**図表7-5**）。達成経験とは，自分自身が何かを達成したり，成功したりした経験のことを指す。以前の経験から，これから取り組むこととの近似性を見出し，できそうだと感じることも含まれる。多様な経験はこの点を高めることができよう。これに対して，代理的経験は，他人の行動を観察したことによって得られた情報から，自己効力が高められることを意味している。言語的説得は，他人から，言葉で自分に能力があることを説明されたり，

図表7-5　自己効力を高める方法

自己効力を高める方法	内容
達成経験（Performance accomplishments）	自分の成功や達成の経験
代理的経験（Vicarious Experience）	他人の達成や経験の観察
言語的説得（Verbal Persuasion）	他人からの説得
情動喚起（Emotional arousal）	行動を起こさせる情動の喚起

出所：Bandura［1977］を参照しながら著者作成

励まされたりすることを指す。経営者やマネージャーをはじめ，周囲からの説得や励ましが該当する。情動喚起は，何らかの生理的な反応によって，気持ちが高まり，自己効力が高まることを意味している。

　自己効力を高める取り組みは，個の主体性尊重のマネジメントの中では，広い意味での権限委譲に該当する。単に機会を与えるだけではなく，それを乗り越えるための力も与えるエンパワーメントに含まれる部分がある。

　こういった自己効力を高める方法は，確かに，新たな挑戦に立ち向かう際，ある程度効果が期待できる。しかし，個人のリスクを小さくするものではない。個人が感じるリスクに対するというよりも，自分ができる，という意識を高め，リスクに打ち勝とうというアプローチになる。自己効力の高い人でも，ちょっとしたきっかけでリスクを感じ，個は防衛的になり，取り組めなくなってしまう。その点，こういったアプローチは有効ではあるが，十分とは言えない。

7.4　自己の壁を乗り越える方策の限界

　いくつか自己の壁を乗り越える研究や方策を検討してきた。しかし，いずれもが，決定的な手法ではなかった。なぜ決定的な解決方法にならないのか，検討していくこととしたい。

7.4.1　挑戦を促すと，ルーチンが失われる

　検討してきた挑戦を促す対処方法は，いずれも，限られた場面で効果が発

揮されると考えられる．例えば，リスクを保有したまま，新たなものへ挑戦することへの動機づけを高めたり，そういった挑戦的な課題への自己効力を高めることは，リスクを取り去っていないので，いつ自己防衛的な思考に支配されるか分からない．さらには，失敗に対して寛容な姿勢は，新たな取り組みが必要である場面では効果を発揮する．そのような職場では，積極的に挑戦を促す取り組みが歓迎されるが，計画通りにきっちり物事を進める，つまりしっかりとルーチンに取り組むことは推奨されない．

　そういったことが日常的に常に求められている部署がある一方，常に，そういった取り組みが求められていない部署もまた多く存在する．例えば，計画通りにきっちり物事を進め，できるだけ効率的に進めることが期待されている部署である．そこでは，新たなことへ挑戦することの施策は，短期的にはほとんど無効となる．効率重視の職場では，失敗を許容するよりはむしろ，失敗をさせないようにするような取り組みが施行される．

　さらに，仕事内容によって失敗の意味が異なる．新たなことに挑戦する場合の失敗は，新しいことに挑戦した証として称賛されても，計画通りにきっちり物事を進めることが求められている場合の失敗は，どのようなものであっても許されない可能性が高い．

　このように，1つの企業の中で，性格の異なる部署が共存しているのが通常である．その両面が重要である中で，どちらかを重視しすぎた評価制度を実施すれば，ある部署では，正の影響がもたらされるものの，別の部署では，負の影響がもたらされることになる．すなわち，単に自己防衛的な行動を抑え込めばよいという問題ではなく，自己防衛的な行動もまた，場合によっては必要となり，両側面を意識した取り組みが欠かせないのである．

7.4.2　挑戦とルーチンのどちらかを促し続けることによる弊害

　それぞれの部署において，一定期間にわたり観察すると，挑戦とルーチン両方の側面が期待されていることが分かる．新たなことに取り組む部署では，思いついたことを思いついたときに取り組むことによって，より大きな成果が得られるかと言えばそうではない．新たなものに取り組む場合であっても，限られた資源の中で，いかにうまく新製品や新事業を生み出すかが問われて

いる。金銭的にも人的にも制約がある中での活動を念頭におけば，必然的に効率を重視せざるをえなくなってくる。

またルーチンを効率的に進める部署においても，常に同じ作業だけが期待されているかと言えばそういうわけではない。全く新しいやり方で，より効率的な取り組みができたり，日常業務の見直しをしたりすることで，不要な業務を整理することもまた必要になる。すなわち，いずれの側面も重要であるため，自己の壁を乗り越える方策だけでは，組織で求められる両側面をカバーすることはできないのである。

7.4.3 偏った取り組みによる弊害を放置することの課題

挑戦とルーチンいずれの側面も重要であるが，時として，どちらか片方だけを重視してしまうこともある。安定したビジネスモデルから，一定の収入を長期にわたって確保できることが予測される場合，どうしても効率的に物事を進めることが重視されがちである。このような場合は，利益を確保する方法が，コストを減らすことだけになってしまうからである。

しかし，そのようなビジネスモデルであっても，やがて時代が変わり，根本から見直し，新たなビジネスモデルを構築しなくてはならなくなる時が必ず来ることを歴史が示している。T型フォードが次のモデルを世に送り出すのに多くの時間を費やしたことは，あまりにも有名である。

また，研究開発型企業を標榜し，新たな製品や事業の開発を重視する場合も同様である。こういった取り組みは，多くの費用を要する。失敗する可能性が高いからである。開発したすべての技術が日の目をみるわけではない。経済的な成果に結びつかないものも数多く存在している。

現在，利益が確保されている事業を抱えているからこそ，新たな製品や事業の開発に取り組むことができる。収益源の事業が収益を生まなくなってくると，開発にかける費用をまかなうことができなくなってしまう。開発に多くの資源を投入できるのは，利益を生む事業のおかげであり，そのためには，効率的に物事を進め，収益を確保する取り組みが何よりも欠かせないのである。

このように，いずれかの取り組みに傾斜しすぎると，軽視してきた取り組

みに取り掛かるのに，多大なるコストを要することとなる。挑戦とルーチンの両方が同時に求められていることを意識した制度設計が欠かせない。

7.5 本章のまとめ

　自己の壁とは，自身が本来持っている防衛的思考に由来する。だからこそ，根源的に取り除くことはできない。かねてより行動科学の領域で，人間の防衛的な行動について検討されてきた。今や古典的とも言えるMaslowの欲求階層説では，安全欲求が該当した。Vroomでも，新たな取り組みによるリスクを感じとれば，行動が起きないことを説明できるが，その他の要因も関わっていることが推察できる。これまでのモデルでは，雇用保障と失敗の寛容で，防衛的思考を乗り越えようとしてきたが，これだけでは，十分に個を活かすことが難しい。

　その問題の1つに，失敗には称賛に値する失敗から非難される失敗まで，多様な失敗が混在していることがあげられる。新しい取り組みに挑む部署で発生する失敗は，称賛に値する失敗である可能性が高い。一方，主にルーチンに取り組む部署で発生する失敗は，非難される失敗である可能性が高い。これらが混在していることで，失敗への対処方法が混乱していると考えられる。

　自己の壁への対処方法には，リスクへの対処方法から，リスクを軽減させる方法とリスクを保有する方法が考えられてきた。前者には，「小さなリスクで始める」「大きなリスクとならないことを保障する」「失敗の積極的評価」がある。一方，後者には，「成果主義の徹底」「危機感の利用」「内発的動機づけを導く」「自己効力の高揚」がある。しかし，いずれの取り組みにおいても，壁を乗り越えるには十分とは言えない。

　新たなことに取り組むことに対する壁は，直接的には本人の防衛的思考であると考えられる。しかしながら，組織として捉えた場合，防衛的に取り組むことはまたルーチンにしっかり取り組む上では必要なことである。個人の防衛的思考をできる限り取り除くことは，一方で，リスクを減らし安定して取り組むことを蝕む。この安定的取り組みがなければ，短期的な収益の獲得

が難しくなり，長期の新たなビジネスを育む資金が滞る。

　このことは，壁を完全に取り除くことができないことを改めて示唆していると言える。自己の壁は取り除くことができないものであることを前提にすることで，壁への対処方法が変わってこよう。

第8章

組織の壁

> **本章の狙い**
>
> ●**組織の壁とはどのようなものかの理解を深める。**
>
> 　個が自己の壁を乗り越え，新たな試みに挑んだとしても，組織の壁を乗り越えなければ，自身のアイディアを実現させることはできない。この壁を越えるためには，まず，組織の壁がどのようなものなのか，自身とマネージャーが理解しておくことが望ましい。その特徴を分からず問題解決に対処することは，短期的成果はもたらすが，長期的にはむしろマイナスに作用してしまうことすらあるからである。
>
> ●**組織の壁を乗り越える方策を検討する。**
>
> 　組織の壁の特徴をつかんだ後には，組織の壁にどのように対処することが望ましいか，適切に考えることができる。

> **本章を読む前の準備運動**
>
> ●**自身，あるいは知人，友人が組織の壁に直面した場面を想像しよう。**
>
> 　これまで，自身が組織の壁に直面したことがあるだろうか，また，どのようにしてその壁を乗り越えることができたのか，あるいはできなかったのか，自省してみよう。そのような経験がなければ，自身の周囲で，壁に取り組み，乗り越えた人や乗り越えられなかった人がいないか見渡してみよう。壁の特徴や壁を乗り越える方法を事前に想像しておくことで，理解を早めることとなろう。

自己の壁とは別に，個の前には，組織の壁も立ちはだかっている。組織の中で活動しなければ感じることはないが，ひとたび活動の場を組織とすると，多かれ少なかれ，個を活かすために立ちはだかる壁が現れる。

組織の壁と聞くと，いわゆる組織のセクショナリズムに由来することをすぐに思い浮かべる読者もいることだろう。しかし，セクショナリズムの前に，そもそもグループができた段階で，また，目的を持って計画を実行するために組織を設立した段階で，生じる可能性があるものが組織の壁である。管理プロセスの考え方によれば，組織を作る前に計画がある。組織のセクショナリズムは，もともとの計画を実現するために出現するものであり，組織の壁のごく一部に過ぎない。個が，ひときわ高くそびえる組織の壁を乗り越えていくために，まず，組織の壁についての理解を深めていくこととしよう。

8.1 組織の壁とは

組織の壁には，これまで大きく2つの局面があった。1つは，組織行動論で扱われた問題であり，もう1つは，組織を運営するために欠かせない計画が，個の主体性の発揮を邪魔してしまう問題であった。いずれも，集団や組織であるがために，個を活かす機会が失われてしまう現象である。どのような組織であっても，これらの問題に常に直面している。

8.1.1 同調圧力と集団浅慮

組織行動論で扱ってきた，集団であるがために生じる問題の代表的なものには，蔡［2015］が指摘しているとおり，同調圧力や集団浅慮がある。グループ活動は，時として，複数の人達による視点や協力，良い競争といった利点ばかりに目が行きがちであるが，グループの活動はこういった利点ばかりではない。個人の判断がグループに入ることで，意見の集約に時間がかかり，意思決定が遅くなったり，歪曲されてしまったりすることがある。それにより，道徳的，合理的判断ができなくなってしまう。

同調圧力は，必ずしも悪いことばかりではない。集団の人数が増えることで，皆の意見を聞き，まとめようとすると多くの時間を要する。その際，同

調圧力が働くことで，意思決定のスピードを速める効果がある。また，仲間であるという一体感を高め，組織としての求心力を高める働きもある。

一方，個が良いアイディアをもち，個に降り注ぐリスクを背負って，その実現に取り組もうと思った時に，周囲と異なる取り組みはやめた方がよいといったようなパワーを感じ取ると，個は，そのアイディアの実現に躊躇することだろう。こういった集団からの圧力が，個の主体性を尊重し，個を活かすマネジメントにおいて，自由に発想する機会を与える場面で，個のアイディアの出現を損なうこととなる。背負っているリスクがある上に，周囲からの協力が得られなければ，アイディアの実現は険しいものとなる。すなわち，そこに自由を遮る壁が立ちはだかるのである。

8.1.2 計画の両面性

計画を立てるプロセスにも壁を形成する原因があった。組織は，ある一定のサイクルで計画と実行を繰り返している。集団で共有している目標を実現させるために，メンバーが長期にわたって何に取り組むかを明文化することで，効率的に行動できる。集団の規模が大きい場合は，メンバーに周知させるため，明文化の意義は大きい。

この毎年繰り返される活動が学習によって強化され，Levitt & March [1988] の指摘通り，やがてルーチンとなっていく。しかも，そこに成功体験が加われば，Leonard-Barton [1992] が述べたとおり，可能な限りそれを踏襲するよう取り組まれることになろう。そこに多くの労力や資金が投入され，埋没費用がかさんでくれば，Arthur [2009] が指摘したように，ロックインされていく可能性は極めて高い。

この計画について，Mintzberg [1994] は，その良し悪しを次のように説明している。まず，Mintzbergは計画作成の意義として次の5点を提示した。

① 未来を思考する
② 将来をコントロールする
③ 意思決定である
④ 統合化
⑤ 結果を志向する公式の手順

この内，注目すべき点は，⑤の「公式」の手順である。なぜならば，計画を実行することが，公式の取り組みであることを意味するからである。そのため，そこから逸脱することは，承認されたものを否定することにつながるため，ハードルが高くなると言える。したがって，たとえ個の防衛的な思考を開放し，計画にはない新たなものへ取り組もうとしても，通常の組織活動そのものが，計画から逸脱することを防ごうとするので，個を活かすということを阻む状況にある。

　さらに，Mintzbergは同書の中で，計画作成の落とし穴として次の点を提示した。
　① トップの全力投球による計画作成は，しばしば，計画を硬直化させ，社員のアイディアを蝕み，政治力学を呼び起こす。
　② 硬直化した計画はコントロール重視となり，保守主義の温床となる。
　③ 結果として，短期志向・現状延長型となる。

　このように，Mintzbergは，組織運営に欠かせない計画を必要なものとして評価する一方，それによって，新たな取り組みがやりにくくなることをも合わせて指摘している。

　個が主体的に働きかける新たな取り組みは，実行されている計画以外の活動に該当する。この場合，計画を実行しながら，計画以外の活動に取り組まなければならない。計画を実行する活動が勤務時間内に余裕をもって取り組めるのであれば，残った時間で，計画以外の活動にも取り組むことができよう。しかしながら，通常は，勤務時間をすべて使うにとどまらず，残業して取り組んでいるケースが少なくない。これこそが，組織の壁の本質的な部分である。

　計画されていなかったが，結果として，戦略に取り込まれていくものの存在は，Mintzberg & Waters [1985] が創発的戦略として指摘している。実現された戦略を見ると，組織は計画化されたものだけに取り組んできたわけではなかった。事前に決めた戦略の実行のプロセスで，多くはない，あるいは大規模ではないにせよ，派生的に取り組むものや，計画の修正を余儀なくされたもの，突然認識されたビジネスチャンスをつかんだものなどにも企業

は取り組んでいる。これらが創発的戦略となり，計画された戦略とあいまって，実現された戦略となっている。

　計画だけを実行しようという考え方と，計画にはないが，計画に関連するものや企業の長期的課題解決につながるものも含めて取り組もうという考え方には，隔たりがある。計画以外のものを実行する場合には，コストだけではなく，責任も伴う。ある程度の規模の組織であれば，計画を実行していくために予算が決められており，その予算の実行によって，計画通りに進めようとする。そうすることで，組織が間違った方向へ行かないようにコントロールすることができる。それ以外のことに取り組もうとした場合，誰の権限で，どこから資金を持ってくるのかが問われる。大きな金額になれば，予算の修正を行う必要がある。こういった事態を想定して，柔軟な予算編成をしている場合も少なくない。それでも，当初の計画からの変更には，当然，責任が伴う。何かしらの承認プロセスを経なければ実行できない。ここに多くの時間がかかってしまえば，ビジネスチャンスを逃すことになる。

　個のアイディアを当初の計画に盛り込むことができれば，個を活かすことになる。そのために，計画や戦略を作り上げる段階で，公式・非公式に様々な経路を使って情報が集められる。しかし，計画や戦略を作り上げた後に生じたアイディアについては，次期の計画や戦略へ反映させるか，あるいは，実行される，あるいは実行中のものに修正あるいは追加していくことが求められる。つまり，事後的にも対応できる仕組みが，個を活かす場面では，欠かせない。

8.1.3　既存モデルではどのように対応しようとしていたか

　個の主体性尊重のマネジメントの中では，この点について，機会（自由度）の提供で対応しようとした。権限を個に委譲することで，個の裁量が広がり，個の様々なアイディアを取り込むことができる。

　しかしながら，単に権限を委譲するだけでは，個を活かすことが限られてしまうことが分かってきた。すなわち，集団による同調圧力が影響したり，新たな取り組みを行う物理的な時間が確保できなかったりしている。自身の裁量は，日々の活動の非常に限られた範囲であることが少なくないのである。

8.2 組織の壁の問題の難しさ

計画を立て，集団で職務に取り組む際，計画それ自体が，また，集団で行うことが個の主体的活動を邪魔してしまう。それならば，計画の中に個人の自由裁量をしっかり盛り込むことや，集団による同調圧力を減じるよう配慮することで，問題は軽減できると考えられる。ところが，実際には，そのようにうまく事は運ばない。それはなぜなのだろうか。

8.2.1 計画を実現させるコントロールが自由を奪う

計画をきっちり進めていく方法を，通常，コントロールと呼ぶ。組織の中で同調圧力が生じるのは，人が集まっているから，という理由もあるが，それを強化しているのが，計画を実現させようというコントロールが効いているからとも言える。

計画は，立てることは容易でも，実現することは容易ではない。子供が立てる夏休みの計画を想像してみると分かりやすい。夏休みに入ったばかりの頃は多くの時間があり，やりたいことを列挙してみる。その時点では時間は十分にあるので，決して無理な計画ではない。ところが，子供に任せっきりにしてみると，当初やろうとしていたことの半分くらいできれば良い方であろう。計画を実行している最中に他にやりたいことが出てきたり，天候や体調によって思うように計画が進まなかったりする。親による監視や助言によって渋々宿題に手をつけ，ようやく最低限の目標を達成するのが現実である。

そのため，計画をきちんと実現させる取り組みやスキルは，これまで多くの議論が重ねられてきた。マネジメント・コントロールに関する研究は，管理会計の領域で深められてきている。その中では，コントロールの逆機能も指摘されており，本来の目的を実現させるために，数々の手法が開発されてきた。Kaplan & Norton [2001] によるBSC（Balanced Score Card）はその好例である。ここでは，財務指標に偏った評価から，顧客や内部プロセス，人材の学習や成長といった視点を評価項目に盛り込むことで，単に数字合わ

せの成果だけではなく，長期的な成長がどの程度実現できているのかを確認することができる。

また，不祥事を起こさないために米国で先に採用され，日本に持ち込まれた内部統制も，計画の実現を図る仕組みである。ここにおいても，組織の本来的な目的の実現に向けた仕組みが内包されている。必ずしも期首に設定された計画の実行だけに取り組むものではない。長期の課題解決も含めて，組織が取り組めるよう考えられている。

しかし，コントロールの考え方の基本は，目に見えている計画の忠実な実行にある。このことは，計画以外の取り組みを排除してしまいかねない。コントロールが強すぎると，所期の計画には反映されなかったが，計画実行の途中で加えた方が望ましいアイディアや，自分の担当以外への助言や提案は，採用されにくくなってしまう。また，計画の実行にあたり，できる限り自由度を奪っていく傾向もある。自由度を与えることで，計画から逸脱する可能性が高まるからである。

厳しいコントロールの合間をぬって出された個人のアイディアが，公式のものとして採用されるためには，どこかの段階で承認のプロセスを踏む必要がある。この儀式を経なければ，個人のアイディアは日の目を見ることはない。承認されて初めて，晴れて計画ベースに乗ることになる。当然，この儀式のハードルは高く，やすやすと採用されるものではない。アイディア実現の道のりは険しいのである。このように，計画の実行を優先させた場合，ことごとく個人の自由度が奪われてしまい，結果として，個を活かす機会は減少していくこととなる。

8.2.2　自由にかかる費用

経営者や管理監督者が，個にしっかり権限を委譲し，個の主体的な取り組みに対して，個に自由度を与えることができたとしても，自由を活かすのは，それほど容易ではない。

自由度は，状況によって大きく異なる。目標が明確であり，やり方についてのみ工夫が求められているような場面では，それほど自由度が高いわけではない。いくつかの選択肢を思案し，最も適切な方法を採用することになろ

う。

　ここでは，提案制度のように，自身のアイディアを具体化していくような自由度が高い場合を考えてみよう。この場合，公式のものと非公式のものがある。公式のものとは，企業が直面する長期の課題解決に対して，従業員に何か提案してもらうものを指す。これに対して，非公式のものは，直属マネージャーや，さらにその上のマネージャーに，何かの機会，例えば，昼食会のような場を利用して提案するケースが該当する。

　こういった場合，何を提案してもよいか，というとそういうわけではない。企業が直面する課題解決につながるものであるのはもちろんのことながら，実現可能性やコストなど，いろいろな条件が暗黙のうちに含まれている。しかしながら，マネージャーと個人間では，そういった条件を共有できていない場合が少なくない。加えて，出されるアイディアの多くは，専門家がすでに検討したものが多い。例えば，他社が取り組んでいたり，これまでの経緯から取り組みにくいものである。そのため実現できそうなものは非常に少ない。馬場［2009］の調査によると，グリコでは，良いアイディアをほとんど発掘できないため，提案制度を廃止したという。一方，確率が低くても，提案制度に取り組んでいたのが小林製薬である。しかし，これまでにない製品に関するアイディアが実現することは，多くはないという。

　こういった提案制度を公式に運営する場合，良いものでなくても，フィードバックすることが求められる。企業による公式の制度を利用して取り組んだのであるから，その結果がどうなったのか，何かしらの媒体を使って公表することを提案者は期待する。提案が公表されていれば，提案しなかった人にも，結果が気になるかもしれない。また，たとえ非公式のものであっても，提案者にしてみれば，「あの話はどうなったのだろうか」と気になるものである。

　このようなフィードバックには，多くの時間を要する場合が少なくない。単に，「採用しませんでした」という内容では，提案した人達は納得しないであろう。提案者は，時間外に，企業のために時間をかけて提案書を執筆している。彼ら，彼女らの気持ちを考えると，機械的な回答は，提案者の気持ちをないがしろにしていると感じられかねない。不採用の理由について，1

つ1つ丁寧に回答をする必要がある。

　さらに，こういった新たなアイディアは，集団の同調圧力のようなパワーに打ち勝ちながら出されなければならない。パワーを感じていたとしても，自分を律して取り組むことができるかどうかが問われている。例えば，高いモチベーションを維持できているか，高い自己効力を保っているか，高い正義感や倫理観を伴った強い意思を持ち合わせているかといったことである。こういったものを維持するためには，本人はもちろんのことながら，マネージャーや職場でも相応の努力が必要となる。

　多くの人達が職務時間外の時間を利用して取り組んでいるにもかかわらず，新たな提案は，ほとんど実ることはない。提案には多くの時間的なコストがかかっている。さらに，提案された人達へのフィードバックにも，多くの手間がかかる。加えて，個々の提案を促すような風土づくりにも労力が欠かせない。自由を維持するには，これほどまでにコストがかかるのである。

8.2.3　自由をコントロールすることは難しい

　このように，自由を確立させるためには多くのコストがかかるのであれば，これをより効率的に行う方法を考えなければならない。すなわち，自由の使い方に条件を付加し（例えば，範囲を限定する），望ましい方向へと誘導しようという試みである。表現を変えれば，期首の計画を実現させるためのコントロールと，自由な発想の両立が困難であれば，自由な発想を計画に埋め込んでしまい，自由にコントロールを効かせる方法である。

　例えば，個人に自由度を最大限に与える方法として，IT関連企業が多く採用している20％ルールがある。3Mが始めた取り組みであるが，職務時間の20％と予算の20％は個人の裁量で自由に使える，という制度である。Googleの親会社にあたるAlphabetのInvestor Relationsのサイトを見ると，Googleの創立者が2004年の株式公開時（IPO）に発表した手紙に，エンドユーザーへのサービスを提供することを目指している，と書かれている。そのためには，従業員が自由にサービスを考えることができることが求められる。それを実現させる方法として，20％ルールが紹介されている。

　これに対して，Tate［2013］，Mims［2013］やMedbery［2013］は，そ

の後，20％ルールが形骸化し，個の取り組みが十分に発揮されない事態に陥っていることを指摘している。次第に義務化していってしまい，自由な発想が奪われてしまっている様子が読み取れる。もちろん，そういった中でもユーザーへの価値を高めるために機能していることも事実であるが，個の自由な発想が湧き出ているかというと，疑問に感じる。

　全くの白紙を渡され自由に絵を描いていいよ，と言われると，何を描けばよいか分からず躊躇してしまうことは多いだろう。これに対して，車の絵を描いてごらん，できるだけかっこの良いものを，と言われると，車好きにはたまらないテーマかもしれないが，興味のない人にとっては，とってもつまらない課題となる。加えて，かっこいい車の条件として，スポーツタイプやレクリエーショナルビークル（RV）といった制約が付け加わると，アイディアの幅はぐっと狭くなるとともに，興味をもって取り組める人も一段と少なくなる。さらに，ビジネスである以上，予算制約も加わってくると，自由がどこにあるのか疑わしい。適度な制約は，イメージや要望が目に見える形となるので，想像しやすくなる。一方，過度な制約は面白さを減らしてしまい，内発的動機を喚起させるようなテーマにならない恐れがある。

　このように「自由」を放置していると，次第に義務化してしまうし，「自由」に条件を加える方法は，発想を制約し，自由を奪ってしまったりすることにつながっていく。つまり，個人の主体的なアイディアは蝕まれていく。個の主体性尊重のマネジメントの権限委譲の概念は，ただでさえ制約が多いところで，できる限りその自由度を与えようとしている。そこにさらに条件を付加することは，自由の意味を狭めてしまい，効果が期待できないこととなろう。

8.3　組織の壁を乗り越える研究

　集団化することによって個の主体性が蝕まれることを避けたり，個の主体的なアイディアを実現させていく方法の研究は，これまでに蓄積がある。いくつか代表的なものを紹介しよう。

8.3.1 グループダイナミクスにみる同調圧力から脱する方法

　組織化することで発生する同調圧力や集団浅慮を避けるためには，圧力がない状態を人為的に条件付けすることが必要になる．例えば，蔡［2015］によると，ブレーンストーミングはその手法の1つである．組織が存在する段階で，同調圧力が生じる可能性がある．ブレーンストーミングは，上下関係や集団から個人を解放し，可能な限り1個人として自由な状況を作り出す．ブレーンストーミングを始める前に，「批判しない」「数を出す（悪い質のものを出してはいけないという圧力から解放する）」「自由に意見を述べる」といったルールを示すことは，条件づくりである．このように，限られた場面を設定することで，少なくとも一時的に同調圧力をフリーにする状況を作り出す．

　その結果，組織に備わっている暗黙の階層による圧力や，フォーマル・インフォーマルの水平的な集団で共有されている価値観による圧力から解放させることができる．一方で，組織を統制させるために機能する階層や，チームとして機能する仲間意識といった，組織を運営するために有用な統制や規律といったものも，意図的に効かせないようにしている．すなわち，組織として備わっている利点が凍結される．

　このことは，個が自由に意見を言えるようにすることと，組織として運営することは，同時に存在しない可能性があるということを示唆している．もちろん，階層構造の中で，様々なしがらみに関係なく，自由に発言できる個も存在するかもしれない．しかしそのような，様々な圧力に屈しない人は極めて稀であろう．

　ブレーンストーミングを例にとって説明してきたが，ブレーンストーミングによる同調圧力や集団浅慮からの解放は，あくまでも一時的に作り出したものである．組織の中で活動している限り，個は，何らかの圧力を感じている可能性が高く，日常的にそこから解放されることはできない．

8.3.2 組織構造からみた壁を乗り越える取り組み

　計画遂行に向けて，組織化が図られる．当初は，単一の目標に向けた組織

化であった。しかしながら，事業規模が拡大し，組織が大規模になるに従って，また，外部環境の変化に伴い，組織の構造上作られた組織の壁を越える必要性が唱えられ，その壁を越えるための方策が提案されてきている。

階層構造＋部門横断的組織

　最も一般的に見られる企業の組織形態は，職能制組織と事業部制組織である。そのいずれも，基本構造は，ピラミッド型の階層構造をなしている。Weber［1956］は，これらが，様々な支配の形態の中で，非常に効率的な組織である，と指摘した。なぜならば，やるべきことが明確に規定されており，その責任も明確であるからである。

　ところが，そういった組織は，変化の激しい時代や，新たなものを創っていく場合は，都合が悪い。当初やるべきこととして決められていたものが，外部環境の変化によって変わってしまったり，何をすべきか最初に規定できなかったりするからである。

　そこで，変化への柔軟性や情報の共有を垂直方向だけではなく，水平方向にも伸ばすことで，課題の解決を目指した構造が考案された。具体的には，マトリックス組織やプロジェクトチーム制，あるいはブランドマネージャー制である。職能部門や事業部門の責任だけではなく，例えば，地域での問題を共有するように，横方向の情報経路を公式に設けたのがマトリックス組織である。また，喫緊の課題解決のために特別に編成された小集団が，プロジェクトチームである。さらに，職能の責任だけではなく，ブランドについて品質や価値を高める責任を負うような取り組みが，ブランドマネージャー制度である。これらは，公式に横方向へ情報伝達経路を設け，変化へ対応するように考案された。

　これに対して，顧客からの要望に応えることを第一の方針として，それを実現するために，IT化の進展によって横方向の連携を実現しようとする試みが，Hammer & Champy［1993］によって提唱されたリエンジニアリングである。

　また，縦方向を圧縮し，上下の命令系統を短くすることに加え，現場で判断できるようにするとともに，対応する組織の単位を小さくすることで，外

部環境の変化に対応する試みが，組織のフラット化であると言えよう。

　これらの取り組みを機能させるためには，権限を下層に委譲する分権化がキーワードとなる。当初，組織が決めた計画に対して，当初と異なる状況に直面した際，それを変更する権限が，ある程度末端の個人や集団に与えられていることが求められる。顧客の要望に対して，現場で判断できなければ，対応は著しく時間を要することとなる。また，組織が縦方向に圧縮されると，本社部門が管理する集団が，増えることになる。ある部門が管轄する集団の数が増えれば，隅々にまで目が行き届くことが不可能になるため，権限委譲は必然的となる。権限が委譲された結果，計画遂行はもちろんのことながら，その途中で生じる想定外の出来事に対して，末端の集団が責任をもって対処することができるようになる。

　こういった，部門横断的な取り組みや権限の委譲は，有能なマネージャーへの期待を生んでいる。清水［1990］が指摘したとおり，不透明な環境の中で，将来構想を構築し戦略的な意思決定を担う経営者は，もちろん重要である。それに加えて，ますます環境変化が激しくなり，現場での価値創造が期待されると，優れたミドルの登場が欠かせないことは，金井［1991］や十川［2002］が指摘している。マトリックス組織やプロジェクトチーム，ブランドマネージャー制度のいずれにおいても，優秀なミドルが不可欠である。

　ここで求められるミドル像は，これからの全社的な方向性を把握した上で，それを実現すべくロワーの人達を育て，彼らを支援する。なおかつ，自分の部署だけではなく，横方向へもしっかりと情報を伝達する。フラット化が進展していく中で，自身もプレーイングマネジャーとして，現場の取り組みに参画する必要もある。この状況は，管理階層で必要とされる能力を描いたKatz［1955］に基づけば，ロワー同様の技術的スキルを持ち，上下左右へ伝達する優れた人間関係スキルを持ち，なおかつ，トップ層で求められる概念化スキルのすべてを高いレベルで持ち合わせている必要がある。もちろん，優れたミドルを育てていく必要性については，異論を唱える人は少ないが，スーパーマンやワンダーウーマンのようなミドルを期待しているようにも感じる。

自律的組織

組織に水平方向の情報経路を設けたり，垂直方向を圧縮したりする方法によって，計画によって組織化された組織の壁を低くする効果が期待される。一方，こういった組織化によって作られる組織の壁を，もともと作らない組織形態が話題を呼んでいる。具体的には，Laloux［2014］のティール組織あるいは，Robertson［2015］が提唱するホラクラシーと呼ばれているものである。

ティール組織は，自律的な個が，階層にこだわらず相互にかつ主体的に経営（自主経営）し，一部の個としてではなく，全員で対処し（全体性），全員が相互の活動の中で組織がどのような方向へ向かうかを認識している（存在目的）組織である。マネージャーは不在で，トップももちろんいない。意思決定する会議も最小限である。

一方，ホラクラシーは，人ではなく，取り組む役割（ロール）が責務を負う。これまでは，人を体系化して組織を形成し，ビジネスを運営してきた。ホラクラシーの考え方は，ビジネスを分解して，どのような役割が求められているのかによって役割を体系化し，ビジネスを運営することにある。役割は，ガバナンス・プロセスによって決められ，事前に決められた憲法（constitution）によって運営される。メンバーは，複数の役割を担うこととなる。

この2つの組織形態について限られた紙面で細部まで説明することは難しいが，本書で焦点をあてるのは，これまでの組織との違いである。階層組織の場合，計画を実現する責務を管理職が負い，メンバーに様々な職務を割り当てる。この場合，管理職に権限が集中することとなる。その結果，割り当てられた仕事以外の取り組み，つまり，従業員が気づいた提案をしにくい状況となる。これに対して，ホラクラシーでは，メンバー間の権限関係はない。もし，何か改善する取り組みを思いついたら，役割を新たに設けることで実現することができる。従業員は，自律的に行動することができる。

ただ，これらの組織には，大規模組織では運営が困難であるという課題が残る。例えば，ティールの場合，目指すべき方向性を認識できる人数には限界がある。1,000人規模であれば，ぎりぎり把握できそうであるが，これが

5,000人となると，想像することが難しい。ホラクラシーの場合，個人が多くの役割を抱えてしまった場合，うまく運営できるかというと，これも想像することが難しい。実際，馬場［2013a］が調査した生方製作所では，ホラクラシーのような形態で運営されているものの，500人規模までが限界ではないかと社長が指摘している。

また，次世代の事業への転換も厳しいであろう。単一事業で10年，20年という期間であれば，存続することは想像できる。しかし，事業の転換を図ることになれば，現在考えられている仕組みでは，乗り越えることができないからである。既存の事業と異なる事業は，目指すべき方向性が異なるであろうし，これまでとは全く異なる役割を既存の仕組みから派生させることは難しい。

規模が小さく，インフォーマルな自律的な組織として，ホットグループも注目されている。Leavitt & Lipman-Blumen［1995］，や周［2007］によると，ホットグループは，問題解決に向けて興味がある人達が熱心に対話を重ねる過程で自生的に形成される。ホットグループには，様々な分野の人が集まり，個人のアイディアを組織の学習へと昇華させ，イノベーションの担い手となる。この中では，組織の壁と考えられるものは全く生じない。個人のアイディアを実現できる形に育むことができるが，ホットグループの中だけでは，製品化まで辿り着くことはない。個人のアイディアと同様，どこかで公式化していくプロセスが欠かせない。そのプロセスに，組織の壁が出現する。

こういった組織構造の議論は，組織は戦略に従うというChandler［1962］の命題に則ると，戦略を実現させるために整える仕組みであり，構築される戦略がどの程度盛り込まれているかに依存することになる。

その場合，目に見える形のものだけが組織化されていくことを考えるならば，目に見えないもの，つまり，計画に示されていないものは盛り込みにくい。その結果，計画に沿ったものを重視し，計画にないものは排除しがちであると考えられる。

そのため，縦方向の情報経路に横方向の情報経路を加えた形態は，どうしても縦方向の価値が優先されるように作られていることになる。こういったものを根底から覆したティールやホラクラシーは，水平方向に特化している。

その分，縦方向の機能を補うために，高度に自律した個が求められることになる。自律した個人の集合体で運営できる組織の規模は，今のところ限られると考えられる。

8.3.3　交流による組織学習

組織学習

組織が新たな知見を取り込み，外部環境の変化に適応していくためには，組織学習が欠かせない，との議論が1990年代前後から盛んに行われるようになってきた。例えば，Argyris [1976]，Argyris & Schön [1978] は，シングルループ学習とダブルループ学習を唱えており，これらは，同時に成立しないことを示唆している。前者は，目標が決まっており，それを次第に上手に実現できるようになる効率性を実現する取り組みであり，後者は，目標や計画までも見直す創造性を実現する取り組みであると解釈することができる。その点，前者は，計画の遂行に，後者は，長期的な課題解決と整合性があると考えられる。

両者が相入れないということは，組織はどちらかにしか取り組むことができないことを意味する。これまでの議論から分かるとおり，組織には両方の側面が多かれ少なかれ同時に求められる。そのため組織には，どちらに取り組むかについて，ジレンマが発生することが想像できる。

また，March [1991] は，組織の存続のためには，活用と探索の2つの学習が欠かせないと指摘している。前者は漸進的に変化し，現状延長型で収益確保のための取り組みであり，「活用」を重視している。これに対して，後者は革新的に変化し，新たな取り組みとなり，「探索」を重視している。多くの場合，開発部門であったり，経営企画部門，または，マーケティング部門であったりするところが，探索を専門に扱う部門になる。

しかし，Marchは，「活用」と「探索」の重要性を指摘しているものの，両者を同時に扱う場合，どのような課題が発生し，それにどのように対処していくかについてまで展開していない。組織の壁の議論は，この両者の間でどうすれば，学習が行われるかを問題にしている。

異部門交流は組織の壁を越える

　イノベーションを実現させるための取り組みとして，組織学習を促す異部門交流が効果的であるという実証研究を積み重ねているのが，十川［1997, 2002, 2009］を中心とした研究グループである。著書では，ビジョンを実現させるために，短期的な反応型戦略，中期の対応として組織学習による予測型戦略，そして長期の対応として組織学習を活性化させてイノベーションの成果を活用させていく戦略を実現させていく様子が描かれている。

　こういった学習の中核をなすのが，異部門交流である。異部門交流は，職能間や事業部間のローテーションによって支えられ，様々なイノベーションに結びつくことが実証されている。短期・中期・長期の戦略は，想定している時間の長さが異なるだけで，同時に実現させていくことが必要となる。

　フォーマルな異部門交流のスタイルとしては，部門横断的な公式の取り組み，例えば，ブランドマネージャー制が該当する。また，社内の提案制度もその1つであると考えられる。提案の窓口には，部門を超えた情報が集められる。通常のミーティングでも部門内の情報収集ができる。インフォーマルな交流のスタイルとしては，前述のホットグループが該当する。また，担当者が，情報を持っている人のところに訪問することもその1つであると考えられる。

　異部門交流の中では，計画の実行についての議論と，計画にはないが長期的なビジョン実現に向けた取り組みについての議論の双方が欠かせない。計画の実行と長期的なビジョン実現に向けた取り組みの間に軋轢があることは示されているものの，これらは，相互の交流によって解決するものとされ，どのような課題が内包されているか，その質にまでは言及されていない。実際は，フォーマルに機会が与えられると，コントロールが効いてしまい，自由度が奪われてしまう。インフォーマルな状況は，フォーマルな活動に圧迫されてしまう。異部門交流が行われても，アイディアが出されなかったり，成果へとつながっていなかったりして，組織の壁の問題は解決するのが難しいことを指摘している。

8.3.4 双面型組織

　計画の実行と長期的なビジョン実現に向けた取り組みを同時に取り組む必要性とその問題に焦点をあてた研究が，Tushman & O'Reilly［1996］に代表される一連の双面型組織あるいは両刀使い（ambidexterity）の研究である。ここで指摘されている2つの側面は，March［1991］が指摘した活用と探索に該当する。O'Reilly & Tushman［2004］によると，1つの企業体の中にそれぞれ別組織を立ち上げ，それらを統括する双面型リーダーが，全体を統括する上では欠かせないことを指摘している。

　本書で指摘しているのは，別組織とした場合，すなわち，活用中心の組織と探索中心の組織を分けた場合，活用の現場で探索が軽視され，そこから脱却することができなくなってしまうと同時に，探索の現場では活用が軽視され，効率的ではなくなってしまう現象である。もちろん，2つに分けることは，一時的な解決策であるが，長期にわたった場合，分けたままでは，組織の存続が立ち行かなくなってしまうこととなろう。この点について，次節でもう少し詳しく説明していこう。

8.4　壁を乗り越える方策の課題

　いくつかの組織の壁を乗り越える研究や方策を検討してきた。しかし，いずれもが，決定的な手法ではなかった。なぜ，決定的な解決方法にならないのか，検討していくこととしたい。

8.4.1　新たな提案を優先すると，計画軽視となる

　Tushman & O'Reilly［1996］あるいはO'Reilly & Tushman［2004］によると，計画を遂行する日常業務と新たな提案とは，相いれない部分があるため，その本来的な役割を担えるよう別組織とする，というのが現状での解決策になる。すなわち，どちらか一方を重視すると，どちらか一方がおろそかになってしまう現象を避ける試みである。

　この場合，いくつかの問題点が浮上する。1つは，アイディアの萌芽期で

ある．承認を経て，ある程度の規模に事業が育てば，様々な視点から，別組織として運営することが望ましい．規模が小さければ，プロジェクトチームのような運営となろう．しかし，承認される前段階で，新たな取り組みを提案する，あるいは創り込んでいる段階では，別組織のようなものはインフォーマルにしか設立できない．新規事業を立ち上げるまでの発端は，別組織を立ち上げるほどのものではなく，創発的に，あるいは自律的に現場で取り組むことが望まれていることを，2章ならびに3章ですでに指摘した．その意味では，将来の新規事業に向けた提案がより求められるような現場においては，計画遂行だけに傾倒しすぎず，自由な提案を促す取り組みが，課題解決へと通じることになる．

効率の追求を目指した計画遂行を行う組織と壁を挟んで，すなわち，別組織で新たな提案を行う手法は，既存の方法である程度実現できている．部署が明確であれば，部署によって分断したり，分社化したりする方法が典型例である．しかしながら，それでは担当していない従業員のアイディアは活かされない．また，通常，効率の追求を目指した組織には，多くの人数が配置される．結果として，ごく一部の人達のアイディアしか活かされないことになり，個の主体性が望まれている状況への対処策としては，あまりに脆弱である．

一方，新たな提案を実現することに大きく舵を切ると，計画の遂行がおろそかになろう．新たな提案には失敗はつきものであり，そこに資源を投入するためには，効率を追求する計画遂行が何よりも必要となる．

さらに，両局面において，計画通りに進めるためのコントロールの扱いが異なることも難しさに輪をかけている．コントロールは，計画通りに進めるためのツールである．計画から逸脱しないように，また，逸脱していることが分かれば，修正するように働きかける．一方，アイディアがたくさん求められる場面では，自由度を与えることが欠かせないことを示してきた．この自由度は，計画とは異なることを実施するために与えられる．そのため，コントロールを効かせることはできない．両局面を共存させることは，コントロールをどのように働かせるかが問題となる．

両局面とも必要であり，いずれも実現できるようにしていかなければなら

ないが，相いれない性格を帯びている。

8.4.2 新たな提案と計画実現のどちらかを重視して取り組むことによる弊害

　現実には，新たな提案と計画実現の両立はなかなか実現できない。組織の混乱を避けるために，部署ごとにどちらかに重点が置かれている，というケースがほとんどである。生産を担っている工場や，販売を担っている営業部門は，通常，できる限り効率を重視した計画の実現を目指している。一方，新たな製品の探索を行うマーケティング部門や研究開発部門，さらには，長期の課題解決が期待されている企画部門には，通常，新たな取り組みの提案が求められる。

　担当を分け，それぞれ役割を全うする際に問題となるのが，コントロールと自由のマネジメントである。計画の遂行を徹底させる現場では，コントロールはかなり厳しくなりがちである。おそらく，そのような現場では，個の自由裁量の余地は少なく，いずれAIにいち早くとって代わられてしまう可能性が高い。

　これに対して，長期の課題解決に向けて取り組むことが期待されている職場においては，自由のマネジメントが大きな課題となろう。自由でありすぎるのは，大切な資源を浪費しかねない。だからといって，自由であることにあれやこれやと注文を付けると，面白みが減退していってしまう。

　こういった，マネジメント上の課題解決に傾倒することは，別サイドの課題解決をますます困難にすることとなろう。つまり，計画の遂行を徹底するあまり，その部署やさらに企業全体で抱える長期の課題解決を目指した取り組みへの提案を期待することは絶望的となる。これに対して，できるだけ自由な提案ができる組織づくりを目指すと，組織全体の計画から逸脱してしまったり，予算を大きく上回る無駄が生じてしまったりしかねない。

8.4.3 偏った取り組みによる課題を放置することの課題

　計画の遂行や新たな提案のいずれかを軽視すると，軽視された方の問題が解決されず，やがて軽視されたことによる課題が膨らみ，その解決に向けた

対応に追われることとなる。計画の遂行に傾倒した場合，現場で気づいた長期の課題解決に向けた取り組みは，放置されてしまう。それが大きな損失を生むものであれば，やがて顕在化し，解決に動き出すことになろう。しかし，新たな価値を創り出すものは，そのまま気づかなかったものとして扱われ，やがて現場の記憶から消え去っていく。一方，アイディアの創出に傾倒した場合，利益を生む構造がなかなか作り出せず，アイディア創出に必要な費用を捻出することができなくなってこよう。

長期にわたる組織を想定すれば，計画を遂行していく中で，計画に含めることができなかったアイディアは当然生まれてくる。そうなると，別組織で取り組んだとしても，再び，同じような案件が生じ，さらに別組織を作っていくこととなる。別組織を作ったら問題が解決されるわけではなく，やがて，計画に落とし込み，効率を目指すことになる。そして再び，日常業務に取り組みながら，潜在的に新たなアイディアが生まれてくることを期待する。このように，計画の効率的な遂行と自由な提案を別組織に分けてそれぞれ取り組むと，それぞれ対極の課題が生じることとなる。

8.5 本章のまとめ

組織の壁とは，人が集まることによって生じる同調圧力とグループシンク，また，計画の遂行と新たな提案といった両面性に起因する。前者は，一時的には軽減させることはできるが，長期的には，グループで活動する限り，なくしてしまうことはできない。後者は，組織が計画を立てて活動する限り，生じる可能性がある。つまり，壁をなくしてしまうことはできないと考えられる。

さらに，壁を形成している計画をうまく実現させるための仕組みであるコントロールが，新たな提案を促す自由を奪ってしまう。一方，自由を与えることも容易ではない。自由を組織の中で与えるためには，多大なコストが必要な上，望ましい方向へ提案することは難しい。

そうした中で，これまでいくつかの組織の壁への対処方法が提案されてきた。しかしながら，同調圧力から脱する方法は一時的であったり，特別な

チームを作る方法は部分的な解決であったり，ミドルへ過剰な期待をかけていたり，規模が小さければ実現できたり，活用と探索をつなぐ学習については未解決であったり，それらをつなぐ異部門交流を行っていても十分な成果に結びついていなかったり，双面型組織においても両者を同時に実現することは難しいという観点で進めていたりしている。すなわち，新たな提案に向けて発生する組織の壁を低くするために，様々な方策が考えだされているが，その結果として，組織の存続に向けた問題が消失することはない。新たな提案ができるように取り組むと，必要とされる効率性が失われてしまう。

　このことは，壁を完全に取り除くことができないことを改めて示唆していると言える。組織の壁は取り除くことができないものであることを前提にすることで，壁への対処方法は変わってこよう。

第9章

市場の壁

本章の狙い

- **市場の壁とはどのようなものかの理解を深める。**
  個が自己の壁を乗り越え，さらに，組織の壁を乗り越えたとしても，市場の壁を越えなければ，自身のアイディアが社会で役立つことはない。この壁を越えるためには，まず，市場の壁がどのようなものなのか，自身とマネージャーが理解しておくことが望ましい。その特徴を分からず問題解決に対処することは，短期的成果はもたらすが，長期的にはむしろマイナスに作用してしまうことすらあるからである。
- **市場の壁を乗り越える方策を検討する。**
  市場の壁の特徴をつかんだ後には，市場の壁にどのように対処することが望ましいか，適切に考えることができる。

本章を読む前の準備運動

- **自身，あるいは知人，友人が市場の壁に直面した場面を想像しよう。**
  これまで，自身が市場の壁に直面したことがあるだろうか，また，どのようにしてその壁を乗り越えることができたのか，あるいはできなかったのか，自省してみよう。そのような経験がなければ，自身の周囲で，壁に取り組み，乗り越えた人や乗り越えられなかった人がいないか見渡してみよう。壁の特徴や壁を乗り越える方法を事前に想像しておくことで，理解を早めることとなろう。

個は，自分の中にある自己の壁や組織の壁とは別に，市場の壁にも立ち向かっていかなければならない。企業が存続していくためには，将来にわたって顧客に製品やサービスが受け入れられなければならないのである。個は，企業組織の一員として，将来の顧客に対峙することが求められている。

しかしながら，将来どのようなことが起きるか分からない。分からないからといって，企業は，やみくもに未来の顧客に製品やサービスを提供しているわけではない。企業は，不確実な未来に対して，少しでも確実な方法で対処しようとしている。未来に向けた取り組みについて，理解を深めていくこととしよう。

9.1 市場の壁とは

市場の壁は，将来の外部環境や企業の内部の条件が変化する中で，その変化を予測できず，計画に反映できないことに起因する。様々な予測手法が開発されているものの，変化に対する準備が十分にできるほどの正確な情報を入手することはできない。

特に，新たな製品や事業を開発する場合，それが顧客に受け入れられるのかどうかが最大の課題となる。潜在的な顧客がどこにいるのか，どのように訴えれば価値が認識されるのか不透明である。また，既存の顧客であっても，これまで同様に顧客であり続けてもらえるかどうかは分からない。

加えて，市場は，変化に対応している間にも変化し続けている。外部の政治・経済的な環境や，競争相手，顧客の動向は止まることはない。こういった状況において，少しでも確定的なところから取り組むには，目の前の顧客に対峙することとなる。その結果，将来の顧客へ全く対応できなくなってしまうことが，市場の壁の本質的なところであった。

9.1.1 シナジー効果を狙った行動の影響

将来の顧客に対して企業が取り組む場合は，新製品開発や新規事業開発を目指すこととなる。Ansoff［1988］が示した成長ベクトルに従えば，製品開発や市場開発から多角化への流れとなる。ここで重要となるのが，シナジー

効果である。シナジー効果は，既存の事業との関連で見る限り，技術的なものと販売的なものがある。お互いの関連の度合いが強いほど望ましいと考えられている。実際，Rumelt［1974］や清水［1975］，吉原ほか［1981］においても，関連型の多角化が優れていることが実証されている。

つまり，新たな製品や事業の開発を目指す場合，できるだけ既存の技術を応用するとともに，これまでの市場に近いところで展開することを目指すこととなる。なぜならば，大きなシナジー効果が期待できるからである。実際に，馬場［2013a］の調査では，ブリヂストンがタイヤで培った技術を他方面へ，他方面で使った技術をタイヤで応用し相乗効果を生むことを目指していることが示されている。また，馬場［2013b］の調査では，加賀電子が，事業への提案は，すでに事業として取り組んでいるエレクトロニクスかデジタル化，あるいはその延長線のICT事業からのシナジーが生まれることを最優先していることが示されている。

その結果，似たような製品群が多く開発されたり，複数の事業領域を手掛けているもののそれらが近い領域のものばかりとなる。それぞれの顧客層も近いものとなる。

このような対応方法は，小さな環境変化であれば対応できるものの，大きな変化に対しては，対応が困難となる可能性がある。相対的に狭い領域で製品や事業を展開するため，それを超えた変化が生じた場合，大きな危機を迎えることが予測される。

また，同じような製品や事業が複数展開されると，顧客がどの商品を購入すればよいのか分かりづらくなるとともに，社内の運営も複雑になり，コストがかさんでくる。やがて，選択と集中を目指すこととなる。

9.1.2　戦略の捉え方の違い

選択と集中を実施するためには，判断の基準が必要となる。その考え方には，自身の事業がどこに立脚するか，というポジションを明確にする考え方と，将来，何を目指すかを明確にする考え方がある。これらは，Mintzberg, Ahlstrand & Lampel［2009］の中で，ポジションとしての戦略とパースペクティブとしての戦略という，戦略についての定義の違いとして説明されて

いる。戦略をポジションとして捉えた代表的なものが，ポジショニングスクールであり，パースペクティブとして捉えたものが，アントレプレナースクールである。

ポジショニングスクールは，分析を重視する。分析を進める上で集められるデータは，現在までのものに限られる。これまでの経緯から，帰納的かつ演繹的に導かれるものを基本とせざるをえない。野矢［2016］によると，帰納的な取り組みは，過去から推論する方法であり，演繹は，推論の過程で新しい情報を追加することはできない。そのため，帰納的な手法や演繹的な手法では，従来にない新しい取り組みを提案することはできない。一方，これまでと大きく状況が変わらなければ，帰納的あるいは演繹的手法を用いて，論理的にポジションを決め，そこから効率よく収益をあげることが可能となる。

これに対して，アントレプレナースクールは，将来に向けたビジョンを企業家精神で実現していく，戦略実現に向けたプロセスを描くものである。そこには，卓越した経営者の存在がある。必ずしもすべての企業が当てはまるわけではないが，ビジョンを構築し，それを実現させていく過程では，ポジショニングでは導けない，夢や希望を包摂することができる。つまり，これまでになかった新しい取り組みを含めることができる。

ポジショニングの意識が強いと，新しいことは既存の延長線にしか含めることができない。一方，アントレプレナーの意識が強いと，現状から収益をしっかり獲得することが難しいであろう。この2つの戦略は，戦略観の違いから，同時に実現することは厳しい。

現状から将来に向かって変化していることを前提とするならば，現状に立脚しているポジショニングと将来を見通した展開には隔たりがある。個の新たなアイディアが将来を展望するほど，現状とは隔たりが大きくなり，壁となる可能性がある。

9.1.3 既存モデルではどのように対応しようとしていたか

外部環境が変化していることは，個の主体性を活かすもっとも大きな理由の1つである。変化への対応方法としては，変化に対して事後的にできるだ

け早く対応する方法と事前的に取り組む方法が検討された。

　ここで問われているのは，顧客の動向や市場の変化をどのように認識するかである。顧客に自ら対峙しその変化に気づけば，事後的ながらもすぐに対処することができる。あるいは，変化の兆しを感じ取れば，事前的に行動することで，変化へ素早く対応することが可能となる。すなわち，上司から指示されたわけではなく，従業員が，市場の動向を自ら認識することで，対処できると考えていた。

　ただし，顧客については，目の前の顧客であるのか，あるいは，将来的また潜在的な顧客であるのかは，言及されていない。長期的視点に立てば，目の前の顧客は，必ずしも永続的に顧客であるわけではない。組織の存続のためには，既存の顧客はもちろんのことながら，将来の顧客や潜在的な顧客にも目を向けておく必要がある。

9.2　市場の壁の問題の難しさ

　市場は，本来連続的にしか変化していない。しかし，様々な要因が複合的に重なり，例えば，顧客の嗜好の変化や競合他社の動向，技術革新，グローバル情勢の変化，さらには自然災害といった要因が組み合わさり，不連続に変化しているように感じてしまう。

　こういった状況について，いくつかの研究がその不連続性に言及している。変化が連続的であれば，計画を立て対処することが可能となる。不連続であるからこそ，対処が著しく困難となる。不連続な要因について先行研究を少し見てみることとしよう。

9.2.1　企業の成長に伴う不連続性

　企業の成長とともに局面が変わり，その局面の変わり目に予期しない課題が浮上することを最初に指摘したのは，おそらくGreiner［1972］であろう。ここで指摘されたことは，企業の成長は，単一事業から複数の事業へ展開することにより，また企業の規模の拡大により，危機が訪れるというものであった。具体的には，リーダーが役割の変化に対応できるか，階層構造を形

成するにあたり，下層へ権限を委譲しマネジメントできるか，下層へ権限を委譲し自由度を高めた結果，組織が思わぬ方向へ進んでしまうことを防ぐことができるか，いわゆる大企業病と言われる形式的な作業と化すことを防げるか，といった点が指摘された．

　これらはいずれも，主として，組織の内部の課題を取り上げており，外部の環境変化に対して，特に注意を払った内容ではない．外部の変化があまり生じていないにもかかわらず，組織では，意図しない形で問題が生じることを意味している．

　企業のスタートアップの前から成長軌道に乗るまでに焦点をあてると，外部の問題も含めて，いくつかの不連続な場面が指摘されている．出川［2004］によると，ビジネスとして成長できるまでに3つの課題が順に生じるという．最初の研究段階では，シーズ指向で複数のものが創られる．次の開発段階では，いくつかの研究成果を吟味し，その中からニーズに合致するものを選択する．シーズとニーズは視点が異なるため，当然ギャップがあり，そこを越えられなければ，開発は行われない．この課題を「魔の川」と呼んでいる．

　開発段階で検討されたものは，事業化に向けて取り組まれることとなる．ここでは，コストや納期といった点も考慮され，スタートアップがなされるかどうかが検討される．市場に出す際には，広告宣伝費や販売費も含めてさらにコストがかかることに加え，本当に市場で受け入れられるのかどうか不透明であるため，企業側は慎重になる．このスタートアップできるかどうかの課題を，「死の谷」と呼んでいる．この概念はもともと，アメリカ合衆国へ政策提言するために，Ehlers［1998］が，製品開発に向けた資本が枯渇していることを指摘したことに由来する．

　さらに，その製品や事業が成長できるかどうかは，他社との関係に加え，現在では，グローバル社会で受け入れられるかどうかも重要な要件である．ここにおける課題を，「ダーウィンの海」と呼んでいる．この概念も，アメリカ合衆国へ政策提言するために，Branscomb & Auerswald［2002］が，発明からイノベーションへとつなげる際の課題として指摘したものである．

　これらの指摘は，新たな製品なり事業なりが容易に成長できないことを示唆している．現在の顧客に対峙しながら，将来の顧客に向けて新しい製品や

新しい事業を提案したとしても，容易に受け入れてもらうことは極めて厳しい。その多くが，課題を乗り越えられずに，川や谷，海を越えることができない。

9.2.2 技術の不連続性

技術革新のプロセスにおいて，努力と成果との間に，技術の不連続性があることを指摘したのがFoster［1986］であった。Fosterは，既存技術から新たな技術へと転換するプロセスは，次のようになると指摘した。最初は，既存技術に対して時間とコストをかけて，技術の向上に努める。やがて，技術力の向上率は鈍化する。その頃になると，次世代技術が開発される。当初は性能が劣るものの，時間とコストをかけることで，既存技術を上回ることとなる。既存技術と次世代技術との間は，連続的ではなく，不連続な関係であるという（図表9-1）。

次世代技術が既存技術の延長線上に存在しなければ，当然ながら，予測することは困難である。どのような技術が開発され，何ができるかが分からなければ，具体的な製品やサービスについて顧客に提案することはできない。将来の顧客や潜在顧客に向けた対応を目指したとしても，的確な行動が極めて困難であることは容易に想像できる。

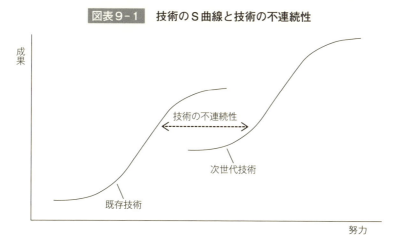

図表9-1　技術のS曲線と技術の不連続性

出所：Foster［1986］p.96に基づき著者作成

9.2.3 不連続性に対して，連続的に対処する

　新たな取り組みを始め，事業として成長するにつれて，内部要因や外部環境に不連続な場面が訪れることに加え，技術の不連続性も考慮して，現場の従業員は将来の顧客に対処しなくてはならない。しかしながら，いくつかの点で既存顧客を念頭においた対処となってしまうことが考えられる。1つは，シナジー効果の獲得である。不確実な状況であれば，できる限りリスクを抑えたい。それならば，販売上のシナジーを獲得することは，リスク軽減策となる。また，従業員は連続的にしか変化することはできない。現在担当している職務から著しく異なる領域に対して提案することは，現在の知識が活かされないため，極めて難しい。自ずと，現在の取り組みを活かした内容のものになる可能性が高くなってしまう。すなわち，不連続な状況に対して，連続的にしか対応できない状況となっているのである。

　加えて，製品のライフサイクルの短縮化や製品のコモディティ化の加速により，既存製品の寿命が短く，他の製品との差別化をしづらい状況になっている。差別化がなされなければ，顧客はどの企業の製品であっても構わないと考えてしまう。企業には，将来の自社固有の顧客を見出すとともに，潜在顧客を掘り起こすことが求められていると言えよう。すなわち，市場の壁を越えることは厳しいが，市場の壁を越える必要性が高まっているのである。

9.3 市場の壁を乗り越える研究

9.3.1 次期製品や事業に向けた資源配分

　現在の顧客に目が行きがちであるが，将来の顧客に目を向けるためには，将来の顧客に向けて資源配分を行えばよい。この観点に立つと，ボストンコンサルティンググループのHenderson［1979］が示したPPMをまずあげることができる。相対的市場シェアの大小と市場成長率の高低をもとに4象限を作り，それぞれの象限を問題児，花形製品，金のなる木，負け犬と名づけたものである。新たに開発された製品や事業は問題児として位置づけられ，

図表9-2 研究開発・技術的新製品・市場的新製品・利潤蓄積の循環プロセス

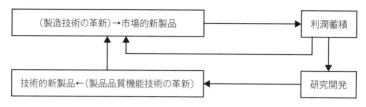

出所：清水［1984］p.115をもとに著者作成

できるだけ，花形製品へと成長するよう投資する。一方，負け犬は衰退しているため，投資は控える。原資は，金のなる木で生み出される。自社内の既存の製品や事業をこのマトリックス上に配置し，バランスよく位置づけられるよう，製品や事業を多角的に展開することが推奨された。

この著名なモデルは，既存の製品や事業がどのように位置づけられているかを分析するには非常に優れており，ポジションを明らかにしながら将来に取り組もうというモデルでもある。一方，新たな投資については，経営者に対して，問題児を開発する必要性を伝えている。したがって，本書で取り上げている，現場の従業員が，現在の顧客と将来の顧客の両方に対して取り組む課題については応えていない。

研究開発への投資の必要性を明示したのが，清水［1984］であった。研究開発の結果，新たな技術的新製品を創り出し，製造技術の革新によってコスト削減が進み，市場的新製品となる。その結果，市場で広く受け入れられ，利潤が蓄積される。その利潤を製造技術の革新と研究開発に投資することで，長期の維持発展に向けた好循環が生まれる（**図表9-2**）。

ここでは，生み出された収益の投資先は，研究開発と製造技術の革新にあり，将来に向けた取り組みがより明らかにされた。また，将来構想を構築した経営者主導によるモデルであり，パースペクティブを意識したモデルでもある。ただし，このモデルで想定されているのは，研究開発と製造技術の革新に取り組む職能である。研究開発担当者は，将来の顧客を意識したシーズ主導型の開発を担い，製造技術の開発担当者は，現場のエンジニアとして，現在の顧客に向けたコスト削減を目指している。本書で取り上げている課題は，現場の従業員が現在の顧客と将来の顧客の両方を意識しなくてはいけな

いところにある。このモデルにおいては、それぞれの顧客への対応は、別の職能が担い、どちらに取り組めばよいかという問題はない。現場の従業員が、現在の顧客と将来の顧客の双方を意識する必要性がある点についてはまだ指摘されていないモデルとなっている。だから、従業員がどう対処するかという本書の問題は表面化していない。このように、資源配分に関わるモデルは、いずれも、経営者の意思決定に言及したものであり、現場の従業員がどのように取り組めばよいかについて示唆を与える内容ではない。

9.3.2 新規事業開発

既存顧客への取り組みと新たな顧客への取り組みの両方を指摘し、その間の壁を指摘したのが、BurgelmanとChristensenである。いずれもが、同時に取り組むことが必要であるとともに、新たな顧客へ対処することへの移行の難しさを指摘している。

Burgelman [1991, 2002] は、トップ主導の誘発的戦略と現場主導の自律的戦略という2つの戦略プロセスの存在を指摘した。前者は、単にトップダウンの取り組みだけではなく、ビジョンに照らし、現場マネージャーにも、戦略的行動が期待されている。つまり、パースペクティブとしての戦略観が反映されている。トップ主導の取り組みだけでは、長期的な期間の中で、取り組みの多様性は減少し、変化に対して硬直的となる。これに対して、現場主導の取り組みは、トップの影響をあまり受けない従業員によって自律的に生じる戦略行動である。長期的な期間の中で戦略の多様性を増大させ、時として従来にない全く新しい取り組みが含まれ、既存の技術に対して破壊的技術を生み出す可能性を秘めている。

Burgelmanは、この2つのプロセスは別々に作用しているが、同時に機能させることが必要であると主張している。現場の従業員は、トップ主導の取り組みに従事するとともに、場合によっては、現場主導の取り組みに関わることとなる。現場主導のプロセスは、突然変異であることが示されている。企業が既存の顧客にのみ対峙し続ければ、その存続が危ぶまれるため、新たな取り組みは必要であるが、突然変異を意図的に実現させることは難しい。この考え方によると市場の壁を越えるためには、トップ主導と現場主導の2

つの行動を同時に機能させ，時代に合わせて多様性の増減のバランスをとることが期待される。

　Burgelmanは，現象をうまく説明しているものの，進化論的視点を持ち込んでいるため，企業にできることが限られているように感じられる。進化論のもとになっている生物の種の栄枯盛衰は，生物そのものの努力がすぐに結果に表れるものではない。努力した結果や偶然の結果の良し悪しは，事後的に判断される。生物ではなく企業の場合，複数の選択肢が現場主導のプロセスから導かれ，将来の存続に向けて，選択肢を増やすことに意味がある。しかし，どのような選択肢を増やせばよいかは分からない。現場の人達は，既存の顧客だけではなく，将来の顧客にも対処することが期待される。その際，どのようにしてこれらに取り組めばよいかについての示唆は与えられていない。企業にとって，運の問題とも言える。できるだけこれを必然に近づけていくことが必要となる。

　Christensenは，Christensen [1997]，Christensen & Raynor [2003]，Christensen, Anthony & Roth [2004] の一連の著作の中で，イノベーションのジレンマという，既存の技術と破壊的技術の間のジレンマを指摘し，存続に向けてどのように対処すればよいかについて詳述した。破壊的技術は，当初は技術的にはそれほど作り込まれておらず，既存技術とのシナジー効果もあり，移転は難しくはない。しかし，その段階では市場はあまり発達していないとともに，新しい技術の水準は既存顧客を満足させるほど高くない。しかし，時間が経過すると，既存技術が成熟するとともに，破壊的技術も発展する。その結果，破壊的技術は作り込まれ，既存技術とのシナジーも相対的に小さくなり，移転することは極めて困難になる。つまり，新しい技術へ移転するタイミングにジレンマがあることを指摘した。

　Christensenは，破壊的技術について，当初，市場規模が小さいため，その規模にあった組織を作り，既存事業と切り離してそれを運営することを勧めた。切り離さなければ，既存事業との販売シナジーによって，既存顧客に性能の悪いものを訴求してしまい，顧客離れを起こしてしまう。また，組織的には，将来が不透明であるため，リスクが高い新たな技術へ十分な資源が配分されず，収益源となる既存の製品に資源が集中してしまう。

また，破壊的技術を創り出すために，創発的戦略の重要性を指摘している。創発的戦略は，既存の枠組みを超え，計画とは異なる多様性をもたらす。経営者の視点から既存の技術を発展させ，それに合わせて顧客を広げていくとともに，従業員全体が破壊的技術を広く創造できる環境づくりが期待される。現場の従業員は，既存事業に取り組みながら，新たな技術の芽となるものの発見に向けて，創発的な取り組みをも目指すこととなる。

　Christensenが指摘したジレンマは，あくまでも経営者の立場であり，現場の部署や現場の従業員に向けられたものではなかった。その点，経営者がどこで事業を育むかについてのポジションを意識していると言える。本書で取り上げているのは，計画に反映された既存の顧客へ対峙する取り組みと，破壊的な技術に関連する芽を創り出そうとする取り組みの両方が現場に期待されている中，従業員が，その両方にうまく取り掛かるための課題である。残念ながら，Christensenの一連の記述は，どうやってこの困難な課題に従業員が取り組むかについての示唆を与えていない。

　BurgelmanやChristensenは，本書で扱っている課題を提供している。将来が不確実な状況の中，企業が複数の選択肢を創り出すために，自律的あるいは創発的な取り組みで，多様性を生み出すことを目指している。このことは，現場の従業員に過度の期待をかけているようにも感じる。自生的な自律的取り組みは，企業にとってそれほどコントローラブルではなく，運の領域が大きい。創発的な取り組みも，計画とは異なる活動であり，通常は，日常業務と外れたところで育まれる。日常的な活動はほとんど計画に落とし込まれており，従業員はその達成に向けて取り組んでいる。創発的な取り組みができるゆとりは，5章のデータが示しているとおり，ほとんど与えられていない。すなわち，新たな取り組みの芽は，従業員のボランティア活動に依存していることになる。

　従業員が苦労して取り組み，多様性が実現すると，存続の可能性は高まる。しかし，新製品や新事業の成功確率を高めるシナジー効果が大きくなることを狙うと，既存の技術や販売との重なりが大きくなってしまう。つまり，新製品や新事業が，既存のものに近い形で提案されることになる。これは，多様性を減少させる。すなわち，成功確率を高めるシナジー効果が，存続のた

めの多様性を減少させてしまうのである。

9.3.3 壁に対処した後の素早いリカバリー

　BurgelmanやChristensenの議論は，既存の事業から新規事業への転換をテーマにしている。Burgelmanは，自生的に新たな事業が誕生することを指摘している一方，意識的に取り組むことの難しさも示唆している。Christensenは，新規事業への転換の際，容易に新規事業へ展開することができないことを指摘した。これらは，経営者の意思決定によるところが大きい。

　変化に直面している中で，既存事業と新規事業との間の資源配分に関して，経営者の判断が下された場合，できる限り速く変化に対応することが望まれる。それによって，無駄を排除し，逸する利益を最小限に抑えることができるからである。

　そうした観点から，企業経営において，次第にスピードが重視されるようになってきた。そのことを前面に打ち出した主張がGoldman, Nagel & Preiss [1995] である。彼らの主張は，変化が常態化し，不確実性が高まる中，俊敏性こそが顧客価値を高める最大の手法である，というものである。ただし，あらゆる場面でのスピードを取り上げているため，壁に直面した後の素早い対応だけを扱っているわけではない。

　こういった変化への迅速な対応は，あくまでも事後的に行われる。その場合，変化に遅れて，戦略，組織や人的資源が適応していく。加えて，変化を察知するまで，また，意思決定するまでに，どうしても時間を要する。その結果，事後的な対応には限界がある。そのため，変化への対処方法として，事前的な取り組みが欠かせない。事が起きる前に多くの情報を入手できるからである。個の主体性尊重のマネジメントは，事後的ながらも素早い対応をすることに加えて，事前的な取り組みによって，望ましい状態の実現を目指してきた。事後的な素早い対応は，部分的な解決策と言える。

9.4 壁を乗り越える方策の課題

いくつかの市場の壁を乗り越える研究や方策を検討してきた。しかし，いずれもが，決定的な手法ではなかった。なぜ，決定的な解決方法にならないのか，検討していくこととしたい。

9.4.1 現場による新たな製品・事業開発は，既存顧客から離れにくい

現場の従業員は，既存事業の顧客に対応した計画ベースの取り組みに従事しながら，不連続な変化に対処するために，将来の顧客に向けた新製品や新事業を開発し，将来の選択肢に多様性を生み出すことが期待されている。企業の存続のために将来の顧客へ対処しようとすると，8章で検討してきた，現在の顧客に対応した計画に阻まれることに加えて，将来の不確実性にも対処しなくてはならない。不確実な状況の中で，少しでも確実に市場や顧客に受け入れられる新しい製品や事業の開発に取り組むには，シナジー効果を狙っていくことが肝要であることがこれまでに分かっている。

しかしながら，このシナジー効果は，既存の製品や事業と新たな製品や事業との関係の濃さに比例する。両者の間により大きなシナジーを創り出すためには，既存の製品や事業に近いものを開発する必要がある。しかし，そうなると結果として，存続に求められる多様性が創られにくくなってしまう。

また，新たなことに取り掛かる自律的戦略や創発的戦略は，計画に落とし込まれている既存事業の合間に取り組むものである。通常，この合間には十分な時間が与えられていないことを指摘してきた。このことは，従業員の発想は，既存の取り組みに多くが支配されており，多様性を生み出す大きく逸脱した内容を提案しにくい状況にあることも示している。

多様性を生み出すためには，シナジーを小さくし，できるだけ既存事業とは離れた提案が必要となる。これを実現するハードルは極めて高い。これまでの研究から，新製品・新事業開発はシナジーが大きい方が成功する確率が高くなることが分かっているから，シナジーが小さい提案は，承認されない可能性が高い。また，大きく離れた提案をすることは，既存の取り組みをお

ろそかにすることにもつながる．つまり，多様性を生み出す提案は，既存顧客を軽視しないと創り出せないことになる．

9.4.2 既存の顧客と将来の顧客のどちらかを重視することの弊害

　既存の顧客を重視し続けてしまう，すなわち，PPMで見ると，花形製品や金のなる木へ傾倒することで，問題児の種となる投資が滞り，将来の花形製品や金のなる木が育ちにくい．将来の顧客を意識しすぎると，既存の製品の寿命を縮め，十分な資金を回収できなくなってしまう．

　しかしながら，変化の時代には，どうしても既存顧客を重視してしまうことが示されていた．Burgelmanは，現場主導型の取り組みがなかなか理解されていないことを指摘している．そのため，トップ主導型による確実性の高い計画に偏り，結果として，多様性が減少し，存続に向けたリスクが高まってしまうことが予測される．Christensenは，既存の取り組みと新規の取り組みは相互に侵食してしまうため，それぞれ別組織で運営していくことを提案している．それは，すなわち，同一組織では，既存顧客を重視すると，将来の顧客を獲得することは叶わないことを意味している．一方，企業設立当初，将来の顧客を重視することは，企業の規模から見て，実現可能性が乏しい．

9.4.3 偏った取り組みによる弊害を放置することの課題

　資源配分の視点からは，一度，新規事業あるいは既存事業に偏った取り組みへと傾倒すると，事態は深刻になる．既存事業重視の姿勢が強くなった結果，新たな事業は育たず，やがて衰退の途をたどることとなる．一方，新規事業に傾倒し過ぎた場合は，新規事業が十分に育たなければ，そこに注ぎ込む資金が欠乏し，事業の縮小を余儀なくされることとなろう．

　BurgelmanやChristensenの議論においても，偏った取り組みが継続した場合，組織の維持は極めて厳しいことが示されている．Burgelmanは，トップ主導でも，現場主導でも，どちらか一方だけでは，存続に向けて力不足であることを指摘している．Christensenは，新規の事業への取り組みは，企業設立当初は不可能であることを指摘する一方，既存の顧客に向けた取り組

みに偏ることで，結果として，顧客から見放されるシナリオを明確に示した。

その点，問題が発覚してからの迅速な対応は，1つの解決策であると言えよう。企業は，実際に起きた問題に対処することは，計画に落とし込めるため，取り組みやすくなるからである。

9.5　本章のまとめ

　市場の壁とは，現在の顧客へ対処している限り，不確実な状況の中で，組織の存続に必要な，新たな顧客への新製品や新事業の提案をしにくいことである。この場合，既存顧客の延長線で考えた方が，シナジー効果も大きく，確実なものとなる。しかし，それでは，将来，存続に必要な多様性は生み出されにくい。この壁は，既存顧客に対する，収益源に根差したポジションを強く意識した取り組みと，将来に向けたパースペクティブを伴ったこれまでなかった新しい取り組みの間にあると考えられる。

　新たな製品や事業が成長していくプロセスには，多くの不確実なものが存在することがこれまで指摘されてきた。そこでは，新規事業の成長とともに，内部的な要因にも対処しなくてはならないし，魔の川，死の谷，ダーウィンの海などと呼ばれる外部的な要因，さらには，技術の不連続性にも対処しなくてはならない。こういった様々な不連続な状況が，新製品・新事業が顧客に受け入れられるかどうか，分からなくさせてしまう。これに対して，従業員は連続的にしか対処することができない。大きく飛躍するような新製品や新事業の提案は難しい。

　新製品や新事業を継続的に生み出す資源配分モデルは，いくつか構築されてきた。これらは，いずれもがトップの判断によるものであり，現場の従業員が直面する課題へは対処できない。これに対して，従業員による自律的あるいは創発的戦略が多様性を生み出し，不連続に変化する状況の中で，存続する可能性を高める。

　こういった多様性を生み出すことを自律的あるいは創発的戦略にのみ期待することは，現場の従業員への過剰な期待につながる。また，シナジー効果を最大限に発揮できる提案は，既存事業から大きく逸脱するものにはならな

い。そのため，既存の製品や事業と似たようなものが提案され，多様性が減少してしまう。すなわち，成功確率を高めるシナジー効果が，存続のための多様性を減少させてしまうのである。

　一方，課題が明らかになってから，できる限り早く対処する俊敏性も，変化への対処方法の1つである。ただ，これは，事後的な対応であり，事前的に取り組む方法に言及したものではない。

　現場の従業員は，これまで対峙してきた顧客に，つい目が奪われがちである。実際，新しい製品や事業の成功確率を高めるシナジー効果を得ることもできる。こういった方法は，短期の収益の拡大につながる。ただ，これでは多様性は生まれにくく，企業の長期の存続が危ぶまれる。シナジー効果以上に顧客を獲得できる新製品や新事業の提案であれば，提案が受け入れられ，多様性が実現する。シナジーを重視する方法では多様性が失われ，多様性を重視する方法ではシナジーが失われる。これらを同時に実現することが求められているが，それは困難であると言わざるをえない。

第Ⅱ部のまとめ

　個が，計画ベースの日常業務に取り組みながら，新たな提案活動を行う場合の問題を掘り下げてきた。

　3つの壁，すなわち，自己の壁，組織の壁，市場の壁は，いずれも個や企業に内在し，両面性を備えていることが確認できた。つまり，個の防衛的思考や，組織における同調圧力・グループシンク・計画の両面性，および組織が直面する不連続な環境は，個や企業に内在しており，避けることはできない。だから，問題を取り除くことはできず，常に問題を抱えている状態にある。

　また，個が失敗しないようにきっちりとルーチンに取り組むことと新たな取り組みへの挑戦，計画の遂行と計画に反映されない提案，既存の顧客への対処と将来の顧客に向けて新製品・新事業を提案すること，これらの両面ともに必要である。したがって，両面ともに取り組む必要がある。

　これらはすべて，個の主体性尊重のマネジメントのモデルで対応していた。しかし，それだけでは不十分であった。なぜならば，壁はそれぞれ固有の難しさを持ち合わせていたからである。自己の壁には，失敗することがほとんどである新しい取り組みをしていかなくてはならない中で，許される失敗と許されない失敗の判別が困難である，といった難しさがあった。また，組織の壁には，計画に落とし込まれていないことに取り組まなければならないが，それを実現させるための自由度を，計画を実現させるために働くためのコントロールが奪ってしまう，という難しさがあった。市場の壁には，不連続に変化する内外の環境の中で，組織の長期存続のために新たな顧客に向けた新製品や新事業を開発していかなければならないが，

図表Ⅱ-1　3つの壁はそれぞれ難しい

	自己の壁	組織の壁	市場の壁
目標	新たなことへの挑戦	計画にないことに取り組む	将来の顧客に受け入れてもらえる新製品・新事業を提案する
従来モデルの施策	失敗の寛容	自由度の提供	市場の認識
解決の難しさ	ほとんど失敗する中で，許される失敗と許されない失敗を区別すること	計画通りに進めるコントロールが，計画にないことに取り組むための自由度を奪うこと	不連続に変化する中で，確実性を増すシナジーが，組織の存続に必要な多様性を奪うこと
対処策に向けて前者はプラス面を強調，後者はマイナス面を補完	リスクの保有(ex.成果主義) or リスクの軽減(ex.失敗の寛容)	組織学習 or ブレーンストーミング，組織構造の工夫	できるだけ多くの選択肢を準備 or 迅速に対処

出所：著者作成

成功に向けた確実性を高めるシナジー効果は，長期の存続に必要な新製品や新事業の多様性を奪ってしまう，という難しさがあった。

対応策としては，通常の計画に落とし込まれているものに取り組むとともに，新たな取り組みに積極的に対処するものと，新しい取り組みによるマイナス面を軽減させるものがある（**図表Ⅱ-1**）。

個や企業に内在する問題点は，消去できない。仮に，一時的に消去できたとしても，人である限り，組織である限り，そして，その組織がオープンシステムで市場に対峙している限り，再び顔をのぞかせる。つまりこういった問題がなくならないことを踏まえた対応策が求められる。

第III部 解決に向けて

読書は学問の術なり，学問は事をなす術なり。
実地に接して事に慣るるに非されば決して勇力を
生ず可らず。

――福澤諭吉『学問のすすめ』 5編より

　　課題の背景について深く分析し，解決策に向けて，課題の内容すなわち3つの壁について，既存研究を参照しながら考察を加えてきた。
　　問題の指摘は問題解決の第一歩であり，問題が明示的になるという意味で極めて重要である。しかし，社会科学に対する世間からの期待は，社会を良くしていくことにあると確信している。社会を良くしていくためには，実践していくことが欠かせない。
　　本書で取り上げた分析や検討，考察は，すぐに実践し，解決できるほど熟成されてはいない。ただ，これまでの検討や考察の結果，どのような可能性があるのかを示すことで，より実践しやすくなるであろう。
　　個を活かそうと思っても，存分に活かしきれていなかった原因が明らかになった今，その解決に向けて今一歩，思考を進めていきたい。

　　本書の最終的な狙いは，企業が抱える課題を解決するだけではなく，働いている個人が活き活きとした職業生活を送れることにもある。

第Ⅲ部では，3つの壁を乗り越えるために，企業と個人それぞれの立場でインプリケーションを示していきたい。また，人的資源に関わる今後の研究に向けたインプリケーションも示すこととする。

第10章

3つの壁への対処方法

本章の狙い

- 3つの壁への対処方法を考えることができるようになる。

　壁を取り除くことができないのであれば，どのような方法で壁に対処すればよいのであろうか。企業が置かれている状況は様々である。そのため，1つの正解があるわけではない。読者が壁に対する理解を深めれば，壁を乗り越える必要がある場合を区別するとともに，壁を乗り越える方策を自ら考えだすことができるようになろう。

本章を読む前の準備運動

- 3つの壁への対処方法を想像しよう。

　3つの壁の特徴を復習した上で，どのような対処方法が考えられるであろうか，また，これまで企業は実際にどのような取り組みを行ってきたのであろうか，これらを振り返りながら，自身の考えと照らしてみよう。

単に個に対して新しい取り組みを促すだけでは，解決には至らないことは，第Ⅱ部の検討で明らかになった．日常業務にきっちりと取り組むことと新たな挑戦，計画の遂行と計画に反映されていない提案，既存の顧客への対処と将来の顧客に向けた新製品・新事業の提案．これら両立に向けてどのように対処することが考えられるのであろうか．

10.1 新たな取り組みへ踏み出しにくいことへの対処法

壁を取り除くことができないのであれば，一時的に壁を境に両者を分離する方法と，組織の中で壁があることを前提にした対処方法が考えられる．

10.1.1 分離タイプ

自己，組織，市場のそれぞれにある2つの側面は，いずれも組織の取り組みとして必要なものである．また，それぞれの側面は，別の側面に対して負の影響を及ぼしている．この負の働きかけを避けるために，2つの側面を分離し，それぞれの側面に特化するのが1つの方法である．

これには，独立した企業や分社化といった1企業として分離する場合と，部門や部署といった企業の中の1組織として分離する場合がある．前者の典型例は，研究開発に特化した企業とEMSであり，後者の典型例が，製品開発部門と生産部門である．

1企業として分離した場合，挑戦的で，計画に反映されにくく，従来にない製品の開発に特化すると，リスクに鈍感になり，効率性が失われ，不確実な状況の中での取り組みであるため，成功確率は低くなる．やがて，自己の安全に向けた本能が邪魔をしたり，資金が立ち行かなくなったりする．既存製品の品質を高め安定供給するとともに，より効率的な運営をしつつ，その製品の現在の顧客のニーズに応え続ける活動に特化すると，市場の成熟化とともに，次第に顧客が離れていき，新たな取り組みが希求されるようになる．

1組織として分離した場合も同様の状態が生じる．新たな取り組みを担当する部署は，金喰い虫と化し，収益を稼いでいる他の部門から揶揄され，孤立していく．収益を稼ぎ出している部署は，同じ作業に取り組み続けること

で従業員のモラールが低下するとともに，新しい製品を生産する能力が失われていく。

このように，分離した場合は，相互の負の影響が避けられるため，当初は，それぞれの良い面を活かした成果が期待できる。しかし，時間の経過とともに，もう片方の側面の必要性が高まり，負の側面が顔をのぞかせる。そのため，分離した場合は，別の負の影響が出る前に，比較的短期間で最大限の利点を獲得できるよう，良い面を強調して働きかけることが得策となる。

また，時間の経過とともに，負の影響が出るため，定期的に組織の見直しが必要となる。新たな取り組みを行う事業や部門，収益を生み出す事業や部門を再検討し，適宜再編し，常に，それぞれの役割が顧客に合っているかどうかを確認する必要がある。

10.1.2 融合タイプ

いずれの壁も個人や組織に内在しているので，取り除くことはできない。そのため，もう1つの対処方法は，それぞれの壁の両側面を混在させる方法である。言うなれば，両側面を融合させたものである。

それぞれの側面は，いずれも相互に負の影響を及ぼす。個が新たな取り組みに臨もうとした場合，防衛的思考はそれを阻む。一方，ミスのない作業をしっかり行おうとした場合，新しいことに取り組みたい気持ちは，その作業の邪魔となる。また，計画にない新しい提案をしようとすると，計画に反映されている本来やらなくてはならない業務をおろそかにしがちになる。一方，計画に対してしっかり取り組もうとすると，より長期的な課題に向けた提案をすることは困難となる。これまでと異なる将来の顧客の獲得に向けた探索を目指すと，既存の顧客をないがしろにしてしまう。一方，既存の顧客にしっかり取り組もうとすると，将来の顧客の獲得は難しい。

そのため，融合タイプで進める場合は，相互の打ち消し合いをできるだけ小さくするように取り計らう必要がある。すなわち，負の側面を軽減させることが重要となる。

時間が経過し，ビジネスの規模が拡大すると，新たな取り組みに取り掛かる必要性が大きくなる。拡大したビジネスはやがて成熟していく。成熟する

前に，そのビジネスの寿命を延ばすような新規の取り組みや，次の事業への種をまかなければ，組織の存続が危ぶまれるからである。その場合，新たな取り組みに取り掛かる組織と，既存事業を計画的にきっちり取り組む組織を分離する必要がある。

10.1.3 分離と融合のダイナミズム

分離タイプにも融合タイプにもそれぞれ利点がある。しかし，いずれも長期にわたり同じ状況が継続すると，壁のどちらか側の問題が大きく顔をのぞかせ，反対側の利点を侵食していく。

最も得策と考えられるのが，状況によって分離タイプと融合タイプをダイナミックに変化させる方法である。単一事業のスタートアップに臨むベンチャーは，様々なアイディアの創出によって事業を成長軌道に乗せようと試みる。この段階では，すべての従業員が新たな取り組みを積極的に進めなくてはならない。成長軌道が見えてくると，きっちりとした運営が次第に必要になってくる。ここでは，新たな取り組みに挑みながらも，計画的にしっかり，確実に稼ぐ取り組みも併せて進める必要がある。だからといって，計画的に稼ぐ部分を分離させるほどビジネスが安定していない。まだまだ改善・修正するところが多く，安定したビジネスモデルとして確立していないからだ。このような場面は融合タイプになる。やがて，事業規模が拡大するとともにビジネスモデルが確立すると，安定した収益確保が最大の課題となる。この時には，計画通りにしっかり行う取り組みが分離していることが肝要となる。

新たな取り組みに挑む組織と計画通りにしっかり行う組織が分離した直後は，それぞれの組織は，それぞれの役割を全うするよう邁進する。しかし，すぐに融合状態が訪れる。つまり，計画通りにしっかり行う部門や組織であっても，目の前の計画の実行だけではなく，自社に関わる製品やサービスへの提案が求められるようになる。また，新たな取り組みに挑む組織であっても，スタートアップ後しばらくすると，計画通りに進める割合が増えることが期待される。

分離したら，その直後から少しずつ融合タイプを意識したマネジメントが

必要となる．一方，融合の状態であれば，スタートアップする事業をいつでも分離できるようなマネジメントが求められる．

10.2 壁への具体的対処事例

企業は，実際にどのような運営を行い，壁に対処しているのであろうか．個の主体性尊重のマネジメントを超えた部分を中心に事例を紹介しよう．この節の引用は，すべて著者の調査によるものであるため，企業名と発表年のみ表記し，他の本文中の引用部分と区別するために，年号を【】で表記することとする．

10.2.1 自己の壁への対処例

自己の壁を越えるためには，リスクを軽減させる（小さなリスクで始める，大きなリスクとならないことを保障する，失敗の積極的評価）とリスクを保有する（成果主義の徹底，危機感の利用，内発的動機づけを導く，自己効力感の高揚）という方法があった．

リスクの軽減策として，YKK【2014b】では，創業者の言葉である「失敗して損をするのは会社と私，君には損はなく経験という財産が残る．」を浸透させ，失敗によって短期的に評価は下がるが，解雇やその後の評価に尾を引くことはないとしている．失敗を共有し，次の機会には，失敗しないようにする．雇用は守られ，何度でもチャレンジできるようにしているという．加賀電子【2013b】でも，失敗の直後は評価が下がるが，半年後には元に戻り，たとえ失敗したとしても，個人に降りかかるリスクは限定されている．カルビー【2016】では，大きな失敗をしても，責任が問われる役職者でなければ，賞与の6割は残るように給与体系が設計されているという．さらには，生方製作所【2013a】では，挑戦を促すために，挑戦しているプロセスを評価するとともに，成功につながる大きな失敗を高く評価する社長賞を授与している．

リスクを保有しながらも新たなことに取り組んでいる方法には，次のようなものがある．キヤノン【2014b】では，挑戦を促すために，給与体系をよ

り実力主義を反映させた役割給制度へ変更し，40歳前後で概ね2倍の給与格差が生じている。また，加賀電子【2013b】やカルビー【2016】でも成果が出れば出るほど高い評価が得られるという。また，小林製薬【2009】では，提案に対するインセンティブは，実現したものへの報酬だけではなく，良いアイディアを出した従業員を社長との食事会に招待するイベントもインセンティブとして機能しているという。TOTO【2012】では，改善・改良さらには，新たなアイディアにつながる顧客からのアンケートの回収率の高さを表彰している。このような成果への報酬だけではなく，グンゼ【2007b】や加賀電子【2013b】では，歴史的経緯から事業が安定して発展しないことが身に染みているため，常に危機感を醸成していることが効果を発揮しているという。この他にも様々な取り組みを企業は試みている。

　各社が置かれている状況や目指しているビジネスモデルによって，分離タイプを採用するか，融合タイプを採用するかは分かれる。新たな取り組みに専念する組織，例えば，研究開発型の企業や分社化された社内ベンチャーを運営するために，分離タイプで採用する場合を考えてみよう。この場合は，従来通りの取り組みをきっちり行う必要性が低いため，積極的に新しいことに取り組めるよう，リスクを保有した取り組みを強化することが得策と考えられる。

　新たな取り組みへの挑戦も必要だが，既存のビジネスからの収益確保も重要な目標であるため，融合タイプを採用する場合を考えてみよう。この場合は，リスクを保有した取り組みも大切であるが，双方のタイプの影響によって良さが相殺されないように，リスクの軽減策を重視することが得策となろう。

　ただし，分離タイプから融合タイプへ，また融合タイプから分離タイプへの転換を，個の評価にも当てはめるのは難しい。人事評価の基準をそれぞれのタイプごとに変えると，組織の壁を越えるための施策を支えている情報交流やローテーションが円滑にできないからである。同じ評価体系で取り組んでいるから，情報が円滑に流れるとともに，会社命令のローテーションも受け入れられやすくなる。

10.2.2 組織の壁への対処例

組織の壁を越えるためには，組織全体としての取り組みとして，組織構造上の工夫（横断的組織，分権化，自律的組織）と交流による組織学習，双面型組織があげられる。

組織構造上の工夫として，小林製薬【2009】では，ブランドマネージャーによるカテゴリーを超えたミーティングが行われている。また，パイロット【2009】では，製品開発のあらゆる段階でニーズを取り込むために，基礎開発，設計，製品化構想という3つの部署を取りまとめる営業企画部が製品開発を担っている。さらにその中で，各製品の誕生から撤退までをグループで担当するグループプロダクトマネージャー制をしいている。同様に，ライオン【2011】でもブランドマネージャーを置き，組織横断的な取り組みを行っている。

組織の分権化を進めた事例としては，YKK【2014b】やリンナイ【2016】の海外展開で，現地に任せた取り組みがある。また，自律的な組織として，生方製作所【2013a】では，ほとんどすべての役職を廃止し，組織全体を大きく2層構造としている。上層は，組織全体の運営だけを担い，現場のビジネスは完全にフラットである。仕事も，上層から仕事が割り振られるのではなく，あくまでも取りまとめ役と連絡役を兼ねたポジションを下層に用意し，自己管理体制を敷いている。

交流によって組織学習を進めている事例としては，グリコ【2009】が技術とマーケティングの融合を図るため，開発担当者が自らあちこちに出向き，インフォーマルに社内情報を収集するとともに，アイディア段階で情報を共有し，製品開発に必要な情報を獲得している。また，パイロット【2009】では，当初の用途ではない開発を実現させるために，全社的にオープンな交流を行い，担当部署に情報を集めている。TOTO【2012】では，顧客からラインの検査担当者まで，あらゆるところから改善提案が寄せられ，それを実現させているという。ハーゲンダッツ【2016】では，関連部署との会議の中で，直接担当していない人達の意見が反映される機会を設けている。こういった組織的な取り組みとは別に，全従業員へ部門を超えた提案を公募して

いるのが，ユニチカ【2007b】，小林製薬【2009】やパイロット【2009】である。こういった制度を支えているのが，すべての企業で実施されているローテーションである。ローテーションによって社内の交流の機会が強制的に設けられ，各自の社内ネットワークが形成されていく。そのネットワークがこれらの交流を補完している。

双面型組織として，新たな提案を行う部門を明確に区別して取り組んでいるのが，矢崎総業【2013b】や加賀電子【2013b】である。分権化を図り，分社化を進めながら，新規事業を模索している。この他にも様々な取り組みを企業は試みている。

新たな取り組みに専念する組織を分離させる場合は，計画をしっかりこなすために求められる取り組みをする必要がないため，徹底的に組織学習を促し，情報交流を盛んに行い，新たなアイディアを培う土壌づくりが求められる。

融合タイプを採用する場合は，新たな取り組みを行うことによる負の側面を軽減させる，無駄やコントロールのしづらさを補う方法が欠かせない。そのため，計画通りにしっかり行う方法の基本である階層構造を基本としながらも，横断的な組織構造で対処することとなろう。

分離タイプから融合タイプへ，融合タイプから分離タイプへの移行は，ここでも問題になる場面があることが予測される。新たな取り組みを行う積極的な情報交流は，決まっていることをしっかり行う業務においては，邪魔になる可能性があるからである。雑多な情報が入ってくることで，従業員に迷いが生じてしまったり，余計なことを考えるようになってしまい，決められたことをきっちり行うことを妨げてしまう。しかし，あらゆる従業員が提案できるようにするためには，情報を入手する必要があれば，そういった情報が流れているところに個がアクセスできるようにしておくことが求められる。

10.2.3 市場の壁への対処

市場の壁を越えるための方法として，現場の従業員が取り組めるものは，シナジー効果を生み出すとともに，多様性を生み出す新規事業開発と壁に対処した後の素早いリカバリーであった。

新規事業開発について，ユニチカ【2007b】では，従来製品との代替を進めながら，新たな用途の開発を進める際には，シナジーを活かすために，多くのメンバーが，既存事業に属した形で新規事業開発を運営している。また，ブリヂストン【2013a】では，タイヤで培った技術を他方面へ，他方面で使った技術をタイヤで応用し，相乗効果を生むように取り組んでいる。同様に，加賀電子【2013b】でも，事業への提案においては，すでに事業として取り組んでいるエレクトロニクスかデジタル化，あるいはその延長線のICT事業とシナジーが期待できることが大前提となる。いずれも，シナジーを意識した取り組みである。ユニチカでは，事業の立ち上がりはほとんど同じ組織の中で取り組み，融合タイプを採用しているが，加賀電子では，最初から分社化して取り組んでおり，分離タイプを採用している。

　また，壁に対処した後の素早いリカバリーとしては，分権化され，権限が委譲されていれば，その部署で権限の範囲内で素早く対処できる。例えば，パイロット【2009】では，何らかの不具合があっても，決済権の範囲内で対処可能であると言う。

　企業はこの他にも様々な取り組みを行っている。分離タイプであれば，できるだけ多様な選択肢が必要となるので，ほどほどのシナジーで早く分社化していくことが求められよう。一方，融合タイプであれば，傷口を小さくするために問題が生じた場合の素早い対処が欠かせない。

　分離タイプと融合タイプのダイナミズムは，シナジー効果が邪魔をすることとなる。融合タイプであれば，シナジーが活かされる反面，これまでの取り組みと近いものとなる。早い段階で分離すれば，シナジーが活かされない反面，これまでとは異なる取り組みができる。結果として，育まれる事業は，これまでのものとの違いが大きくなり，組織の存続に向けた可能性は高まる。

10.3　理論研究へのインプリケーション

　これまで検討してきた内容について，今後の理論研究へのインプリケーションも述べておくこととする。

10.3.1　整合性の研究

　本書の問題意識の1つは，環境変化への対応である。そこで問題になったのが，外部環境と内部要因の整合性であった。本書で検討してきたように，ある部分で整合性は実現できるものの，要因が変化するスピードが異なるため，全体としての整合性は，事実上取れないことを指摘した。

　そうした動態的な組織の状況を把握した上で，組織の整合性問題に1つの解決策を示したのが，Weick［1979］のルースカップリングの考え方である。高い集団凝集性を持ったタイトな組織は，画一的で，存続を危うくさせる。これに対して，組織のメンバーの多様なアイディアを内包しているルースな組織は，変化に対応することができる。ただ，あくまでも，組織としての一体感が失われないように結びついていることが求められる。それが，ルースであっても互いに結びついている（カップリング）状態として表現されている。

　本書で示したのは，組織は，矛盾を包摂した状況で運営されていることである。もちろん，組織としての一体感は保っている。ただ，2つの矛盾した局面それぞれに合わせた取り組み，すなわち，分離パターンでは整合性を持ち合わせ，2つを内包した融合パターンでは，場合によっては，相反しかねない状況にある。

　この状況を説明する，整合性を実現させる新しい概念が必要かもしれない。その1つの方向性として，許されるルースあるいは推奨されるルースな状態が考えられる。

10.3.2　人的資源領域の研究

　将来の顧客獲得に向けて新たな取り組みに挑戦する従業員の管理という観点では，人的資源管理とも関係する。

　人的資源管理の領域は，昨今，戦略的な取り組みとして展開されている。戦略的人的資源管理（以下SHRM）は，Devanna, Fombrun & Tichy［1981］やTichy, Fombrun & Devanna［1982］から議論が始まり，様々な角度でその深化を見せている。かつて実務的なテクニックの議論に終始していた領

域に，理論的基盤が根付いてきた。

　SHRMに戦略的という形容詞がつくことによる最大の特徴は，Tichy, Fombrun & Devanna［1982］, Baird & Meshoulam［1988］, Wright & McMahan［1992］，守島［1996］，蔡［1998］によると，人的資源システムと経営戦略との整合性，ならびに，人的資源システムを構成する要因間の整合性という2つの整合性の実現にある。積極的に経営戦略を支えるとともに，人事評価，能力開発，報酬，人事配置などが結びつくことにより，人事システムが競争優位を生む源泉になりえ，また，人的資源の能力を存分に発揮することができる。

　SHRMの展開は，Boxall & Purcell［2000］, Paauwe & Boselie［2003］, Panayotopoulou, Bourantas & Palalexandris［2003］, Colbert［2004］, Wright, Snell & Dyer［2005］, Lepak & Shaw［2008］が示しているように，統合化を図る動きがあるものの，守島［1996］，岩出［2002］, Michie & Sheehan［2005］が指摘しているとおり，大きく，ベストプラクティス，コンティンジェント，さらにはコンフィギュレーションといった3つのアプローチに分類がなされ，それぞれについて検討が進められている。

　3つのアプローチは，いずれも経営戦略の遂行に焦点があてられている。経営戦略との整合性の取り方は，Lengnick-Hall & Lengnick-Hall［1988］が戦略との双方向性の必要性を指摘しているが，現実には，モデルの中での経営戦略とHRMシステムとの双方向性は，極めて限定的である。SHRMが外部環境と事業戦略との整合性を取ることを考え合わせると，計画的に導かれる事業戦略との関係は，構築された戦略を実現するために必要なものを，人的資源管理の領域ですべて整えることとなる。すなわち，円滑な戦略遂行がその主たる役割と言えよう。HRMシステムの働きによって，Mintzberg［1987］が述べている戦略がクラフトされる，すなわち，従業員による戦略の作り込みをバックアップするものではない。このように，戦略の策定に関わる，従業員からの提案については，SHRMの対象とはされてこなかったのである。

　SHRMが経営戦略を支えるのであるならば，Tyson［1997］が指摘したように，システムの中に，従業員からの提案を含んでいる創発的戦略を取り込

んでいく必要がある。環境が不連続に変わる中、それに対応したSHRMの重要性を指摘した研究もある。例えば、Wright & Snell [1998] は、ある程度変化を見越して、複数のオプションを用意することで、変化に柔軟に対応することが可能であるとした。しかし、組織内部の要因が常に変化しているダイナミズムや、従業員からの提案を積極的に支える仕組みは、SHRMでは、考えられてこなかった。

したがって、今後の人的資源に関わる領域において考えていく必要がある点は、本書が指摘してきた創発的・自律的取り組みを含めたモデル作りになる。戦略の遂行だけではなく、あらゆる従業員が関わる創造的な戦略立案（提案）・策定も併せて考えていかなければならない。それにより、経営戦略との整合性、ひいては、外部環境との整合性が実現し、外部の変化に対してダイナミックに対応することができるモデルが構築されよう。と同時に、より柔軟に運用するメカニズムの検討も必要になろう。もちろん、人的資源管理の成果は、それに伴い、生産性指標だけではなく、創造的な側面を持ち合わせた指標によって評価されることとなる。

10.4　幸せな職業生活に向けて

自己の壁、組織の壁そして市場の壁の問題について、組織としてどのように取り組むかについて論じてきた。この問題には、個としてどのように対処する必要があるかという視点も含まれている。

壁に直面した時、どのように対処することができるかは、本論で述べてきたが、個の職業人生という長い時間を考えると、また違った点も見えてくる。本論で述べてきたことは、個がどのように努力しても壁を越えられない場合があることである。知らず知らずに自分自身の守りの姿勢を正当化してしまうのが、自己の壁である。また、与えられた業務、つまり自分に責任がある業務をすることで、新たな取り組みができなくなってしまうのが、組織の壁である。現在の顧客に対処すると、将来の顧客を獲得することができなくなってしまうのが、市場の壁である。

これらはいずれも組織の内部の話であるため、社内のキャリアについての

制約となる．その点，新しい取り組みを行いたいという願望が強ければ，組織外のキャリアに目を向けることで可能性が広がる．

その場合，内部のキャリアを意識しすぎた努力は，必ずしも外部で評価されるものではないことに注意する必要があろう．ある特定の企業でしか使われない経験や能力は，内部のキャリアアップには有効となる．ところが，そういった経験や能力は，他の企業へ移った場合，全く評価されないこともある．組織の存続が危ぶまれる中，外部の労働市場も意識した努力が欠かせない．

また，昨今，働き方改革が進行している．これまでの過剰な労働時間から開放され，個が自由にできる自分の時間を確保することができてきている．これは2つの点で個のキャリアアップに関係すると考えられる．ゆとりができた時間で，個がこれまでできなかった経験を積むことができるようになる．これは，個の経験の幅を広げ，アイディアを育むことにつながる可能性を高める．

もう1つは，組織で任される業務以外の取り組みに自主的に取り組む機会となりうる．本書で取り上げた組織の壁の1つの原因が，主体性を発揮する機会が奪われることにあった．組織が労働時間を短縮し，個人に自由を与えることは，組織の壁を越えやすくする可能性がある．ただし，こういった自由を企業がコントロールしようとすると，いわゆるブラック企業になってしまう．

10.5　本章のまとめ

3つの壁は，取り除くことはできない．そうした中での対処方法は，2つ考えられる．1つは，新たな取り組みをする組織と既存のことを計画的にきっちり取り組む組織を分離する方法である．もう1つは，壁があることを前提に，この2つを1つの組織で取り組む方法である．

前者は，短期的には良い面が活かされるが，やがて，負の影響が大きくなってくる．そのため，短期で良い面を最大限に活かす仕組みにするとともに，負の側面が大きくなった場合に，組織の再編が必要になる．後者は，良

い面を活かしにくいため，負の側面を軽減させながら良い面を活かすことが重要になる。

　長期の視点では，分離タイプと融合タイプを状況によって使い分け，変化させることが得策となる。それによって，利点を最大限に活かし，負の側面の影響を小さくすることができる。

　実際の企業の実例から，いくつかの取り組みも確認できた。

　理論的研究へのインプリケーションとして，組織の整合性に関して，ルースな状態の検討の必要性を提示した。また，人的資源管理は，これまで，計画的にきっちり行う戦略の実行面を強調してきたが，あらゆる従業員に期待される，戦略の立案面も含めた取り組みへの拡大に言及した。

　個への対処方法へのインプリケーションとして，自身のキャリアアップを考える場合，内部労働市場と外部労働市場の両面を意識する必要があることを示した。また，働き方改革は，壁を越える可能性を高めることを示唆した。

終章

結論：
第Ⅲ部のまとめにかえて

　第Ⅰ部では，個を活かすことに関する問題を探求した。有史以来，個を活かすことに我々は取り組んできたが，昨今は，個の主体性を活かすことが問われている。なぜならば，変化のスピードが増し，多品種少量化・グローバル化が進展し，価値創造が企業に求められているからである。そのため，これまでも個を活かす取り組みが進められているものの，実際は，個を活かすことが十分にできていなかった。

　第Ⅱ部では，問題を特定し，解決に向けて問題の特性を検討し，解決への足掛かりを模索した。個を活かすために解決していかなければならない，個に立ちはだかる3つの壁があった。それらは，いずれも問題に内在し，取り除くことができないだけでなく，その問題は，別の局面では必要とされる活動であった。すなわち，個の主体性を活かす場面では壁となるものの，組織の中で与えられたことを一生懸命きっちり行う場面では欠かせないものであった。加えて，それぞれの問題には，特有の課題があった。

　第Ⅲ部では，これらの検討から，企業や個人，そして，理論へのインプリケーションを示した。対応には2つの方法が考えられた。1つは壁で仕切り，それぞれ求められる場面で取り組む，2つの局面を分離させる方法である。もう1つは，壁があることを前提とし，そこで発生する課題をできる限り軽減させる，2つの局面を融合させる方法である。ただ，いずれも，時代の変化とともに問題が生まれる。そのため，両者を状況に応じて組み替えるダイナミズムが必要となる。

　残念ながら構築したモデルは，これまでの事例から部分的にしか確認されていない。その大きな理由は，社会や組織の様々なものが関係し合っており，

その全体がどのように影響し合って新たな取り組みが実現したのかを，明確に判断しづらいことがあげられる。また，とりわけ市場の壁を乗り越えたかどうかについては，相応の観察する時間が必要であることも一因である。

　引き続き，企業行動を観察しながら，また，実践しながら，様々な要因の関係性を明らかにするとともに，偶然ではなく必然として，組織が存続できるための研究を進めていかなければならない。

　注意すべき点として，本書で書かれた内容が的外れである場合があることが想定される。その典型例は，ビジネスモデルがしっかりしており，数十年に渡り収益が安定しているようなビジネスである。公益に関わるサービス業や生活インフラ事業はその傾向が強い。事業の存続のために将来の顧客の探索をする必要性は低い。計画通りに事業が進むため，計画に落とし込まれていない提案をする必要もない。そのため，個は，これまで取り組んでこなかった挑戦的な提案をする必要もない。

　ただ，こういった事業でも，未来永劫，ビジネスモデルが健全であるかと言えば，そのようなことは考えられない。どこかで，ビジネスモデルの転換が求められる。ただ，その機会が，数十年先である可能性が高い。

　こういったケースにおいては，その数十年の間，新たな取り組みを促す努力がほとんど意味をなさない。つまり，そういった努力がコストとなってしまう。このような場合に，本書で指摘している個を活かすような取り組みの必要性は著しく低い。

　最後に，本書の課題を示しておきたい。本書では，問題点の指摘，問題点の検討から，モデルの構築までを行ってきた。想定される課題は大きく2つある。1つはモデルの検証であり，もう1つは時間軸の拡張である。モデルについては，ある程度事例を踏まえて確認できた。しかしながら，大数データによる検証は，個の主体性尊重のマネジメントのモデルで終わっている。これらに加えた形で，3つの壁を乗り越える方法についての検証が望まれる。ただ，現象があまりに複雑であるがために，工夫が求められる。

　また，時間概念を拡大することで，融合と分離のプロセスがより不連続に行われる様子をも含め，組織の長期の存続に関わる現象を取り扱うことができる。企業の目的が長期の維持発展にあるとするならば，10年20年単位では

なく，50年100年単位で考えることもまた，求められる。時代を超えた超長期のための取り組みも，考えなければならない課題である。

　問題提起から一歩踏み込んで，概念モデルの提案を試みた。今後，以上の課題を含めて検討し，近い将来，このモデルが実践されることで「個人の幸せと企業の繁栄の両立」が実現し，社会が平和的に繁栄することを願っている。

おわりに
失敗は繰り返された

　学部以来，一貫して，従業員の活動を研究テーマにしてきた。

　その間，神経生理学の研究が進んだり，行動経済学が注目を浴びたり，「人」をテーマにした研究がマネジメント領域に応用されるたびに，自分の狙いや問題意識は間違っていなかったと確信してきた。一方，それらの研究に自分が大学院時代に興味を持ち，それなりに研究を深めたものの，自分が追い続けている問題の解決には至らない，少なくとも私が生きている間は解決できないであろうとの見切りをつけていた研究アプローチであった。あっちをやっておけばよかったかな，と時々脳裏をよぎるものの，自分が追いかけている問題の解決に向けて情報発信をすることに，少なくとも気持ちの上では，途切れることなく取り組んできた。

　ところがである。前作『個の主体性尊重のマネジメント』から，14年が経ってしまった。中核概念は2010年の未刊行『相克のマネジメント』でできあがっており，細かい論理展開についても2017年には，頭の中ではできあがっていた。それを，少なくとも自分の中で齟齬なくつなげて，無理なく論理が流れるようにするのに，結局2年を要した。前作を校了した時に，研究を始めてからアウトプットを出すまでに時間をかけすぎると，当初の設定から少しずつ内容がドライブしてしまい，的がずれていってしまうことを経験した。そうならないようにしなくてはならないと心に誓ったものの，またやってしまった。時代が変化している中で，自分の研究力が，変化のスピードについていっていない。まさに本書が指摘した問題にどっぷりはまってしまった。

　「だって人間だもの」という相田みつをのフレーズを，ノーベル経済学賞を受賞したThaler教授がとても気に入ったとのこと。自分が問題に陥った

ことを「人間だから」で片づけてしまうのもいいかもしれない。ただ，人の経験から学ぶことができるのが賢人だとするBismarckの視点を取り上げ，本書で過ちは繰り返さないようにと言っている中で，自らの経験からも学べていない自分を情けなく思う。

　本書では，組織のサステナブルに向けて，少々個へ過剰な期待をかけすぎていることを指摘した。サステナブルの実現に向けて研究を深めることで，この業績ももう少し，社会に貢献できることとなろう。
　3度同じ轍を踏むと，定年間近になってしまう。そうならないために，本書で示した柔軟性を自身に取り入れ，少しでも社会に貢献できるように研究に取り組んでいきたい。

付録：使用したアンケート項目

【長期の課題解決に費やす時間】

従業員は短期の年間目標の達成に加え，長期の課題解決にどれだけ時間を費やしていますか。

  かなりの時間を　　　　　　　　　　　　あまり時間を
  費やしている　　1 - 2 - 3 - 4 - 5 - 6　費やしていない

【計画にない職務遂行の評価】

日常的業務の効率化以外に，従業員が将来の目標達成に向けて当初の計画と異なる職務遂行をした場合，それをどの程度評価しますか。

  あまり評価しない　1 - 2 - 3 - 4 - 5 - 6　高く評価する

【失敗評価】

新しいことに挑戦して失敗した人を，従来通りにやって並の成果をあげた人と比べてどのように評価していますか。

  低く評価する　1 - 2 - 3 - 4 - 5 - 6　高く評価する

【挑戦意欲】

従業員には，習慣を打ち破り，新しいことに挑戦しようという意識がどの程度具わっていますか。

  現状維持の姿勢が強い　1 - 2 - 3 - 4 - 5 - 6　従業員に挑戦意欲があふれている

【従業員の市場動向の認識】

従業員は，市場の動向をおおむねどのように捉えていますか。

絶えず現在の延長線上で　　1 - 2 - 3 - 4 - 5 - 6　　不連続な変化が生じる
捉えている　　　　　　　　　　　　　　　　　　と捉えている

【変化への組織の対応】

組織の活動は，従来通りのルールに沿って進める傾向が強いですか。

非常に強い　1 - 2 - 3 - 4 - 5 - 6　状況に応じて変化する

参考文献 (アルファベット順)

青木昌彦・安藤晴彦編著［2002］『モジュール化―新しい産業アーキテクチャの本質―』東洋経済新報社

青木幹喜［2006］『エンパワーメント経営』中央経済社

朝日監査法人［2001］『図解　リスクマネジメント』東洋経済新報社

磯貝正義・服部治則校注［1965］『甲陽軍鑑（上）（中）（下）』新人物往来社

今田高俊［2003］「自己組織化の条件」『Diamond Harvard Business Review』March, 28(3), pp.88-101

岩出博［2002］『戦略的人的資源管理の実相―アメリカSHRM論研究ノート』泉文堂

遠藤健哉・馬場杉夫［2016］「製品開発組織に関する事例研究（1）―ハーゲンダッツジャパン株式会社―」『専修経営学論集』101, pp.37-43

岡本大輔・古川靖洋・佐藤和・馬場杉夫［2012］『深化する日本の経営―社会・トップ・戦略・組織―』千倉書房

奥林康司［2011］「QWL―QWLへの関心とその基本問題」『日本労働研究雑誌』609, pp.26-29

金井壽宏［1991］『変革型ミドルの探求―戦略・革新指向の管理者行動―』白桃書房

金井壽宏［2006］『働くみんなのモチベーション論』NTT出版

韓非『韓非子』（西野広祥, 市川宏訳『韓非子　第3版』徳間書店, 1996）

慶應戦略経営研究グループ［2002］『組織力の経営―日本のマネジメントは有効か―』中央経済社

孔子ほか［不明］（倉石武四郎訳「論語」『論語　孟子　大学　中庸』世界文学大系69, 筑摩書房, 1968, pp.5-90）

國領二郎［1999］『オープン・アーキテクチャ戦略―ネットワーク時代の協働モデル―』ダイヤモンド社

國領二郎・プラットフォームデザイン・ラボ［2011］『創発経営のプラットフォーム―協働の情報基盤づくり―』日本経済新聞出版社

清水龍瑩［1975］『実証研究・日本の経営』中央経済社

清水龍瑩［1984］『企業成長論―新しい経営学―』中央経済社

清水龍瑩［1990］『大企業の活性化と経営者の役割―大企業経営者のインタビュー・サーベイを中心にして―』千倉書房

清水龍瑩［1995］『能力開発のための人事評価』千倉書房

城繁幸［2004］『内側からみた富士通「成果主義」の崩壊』光文社

十川広国［1983］『現代企業理論』森山書店

十川廣國［1997］『企業の再活性化とイノベーション』中央経済社

十川廣國［2002］『新戦略経営・変わるミドルの役割』文眞堂

十川廣國［2005］『CSRの本質―企業と市場・社会―』中央経済社

十川廣國［2009］『マネジメント・イノベーション』中央経済社

十川廣國・青木幹喜・遠藤健哉・馬場杉夫・清水馨・今野喜文・山﨑秀雄・山田敏之・坂本義和・周炫宗・横尾陽道・小沢一郎・角田光弘・岡田拓己・永野寛子［2006］「『新時代の企業行動―継続と変化』に関するアンケート調査（3）」『三田商学研究』48(6), pp.147-167

十川廣國・青木幹喜・遠藤健哉・馬場杉夫・清水馨・今野喜文・山﨑秀雄・山田敏之・坂本義和・周炫宗・横尾陽道・小沢一郎・角田光弘・岡田拓己・永野寛子［2007］「『変化の時代の不変のマネジメント』に関するアンケート調査」『三田商学研究』49(7), pp.205-228

十川廣國・青木幹喜・神戸和雄・遠藤健哉・馬場杉夫・清水馨・今野喜文・山崎秀雄・山田敏之・坂本義和・周炫宗・横尾陽道・小沢一郎・角田光弘・永野寛子［2008］「イノベーションの源泉としての学習能力」『社会イノベーション研究』3(2), pp.19-55

高橋伸夫［2004］『虚妄の成果主義』日経BP社

周炫宗［2007］「戦略的組織学習とホット・グループ」『三田商学研究』50(3), pp.253-263

蔡芢錫［1998］「人的資源管理論のフロンティア―戦略的人的資源管理論（SHRM）―」『組織科学』31(4), pp.79-92

蔡芢錫［2015］「グループプロセス」馬場杉夫・蔡芢錫・福原康司・伊藤真一・奥村経世・矢澤清明『マネジメントの航海図』中央経済社, 第8章, pp.101-110

津田眞澂［1977］『日本的経営の論理』中央経済社

出川通［2004］『技術経営の考え方―MOTと開発ベンチャーの現場から―』光文社新書

戸部良一・寺本義也・鎌田伸一・杉之尾孝生・村井友秀・野中郁次郎［1991］『失敗の本質―日本軍の組織的研究―』中央公論社

中尾政之［2005］『失敗百選―41の原因から未来の失敗を予測する―』森北出版

中尾政之［2010］『続失敗百選―リコールと事故を防ぐ60のポイント―』森北出版

中尾政之［2016］『続々失敗百選―「違和感」を拾えば重大事故は防げる　原発事故の"まさか"の失敗学―』森北出版

中條武志［2011］「QCサークル活動」『日本労働研究雑誌』609, pp.22-25

中村友里絵・馬場杉夫［2013］「フォロワーシップを中心とした現場力の促進と阻害要因の検討―アンケート調査に基づいて―」『専修マネジメント・ジャーナル』3(1), pp.51-61

野矢茂樹［2016］「はたして，論理は発想の敵なのか（インタビュー）」『Diamond Harvard Business Review』April, 41(4), pp.82-93

間宏［1989］『日本的経営の系譜』文眞堂

畑村洋太郎［2005］『失敗学のすすめ』講談社

馬場杉夫［1995］「人間資源管理の新機軸―日本的経営の崩壊と存続―」『専修経営学論集』61, pp.107-133

馬場杉夫［1996］「環境不測時代の人間資源管理―今後の方向性―」『三田商学研究』39(2), pp.143-156

馬場杉夫［2002］「求められる未来創造型経営」　慶應戦略研究グループ『「組織力」の経営～日本のマネジメントは有効か～』中央経済社, pp.23-29

馬場杉夫［2005］『個の主体性尊重のマネジメント』白桃書房

馬場杉夫［2007a］「個人からアプローチする組織変革―組織硬直化要因と硬直からの脱却―」『三田商学研究』50(3), pp.285-294

馬場杉夫［2007b］「戦略経営に関する事例研究（1）―グンゼ株式会社とユニチカ株式会社―」『専修経営学論集』85, pp.1-14

馬場杉夫［2009］「戦略経営に関する事例研究（2）―江崎グリコ株式会社，小林製薬株式会社，株式会社パイロットコーポレーション―」『専修経営学論集』89, pp.1-24

馬場杉夫［2010］「組織の整合性問題に関する一考察―戦略的人的資源管理を発端として―」『創価経営論集』34(1), pp.89-99

馬場杉夫［2011］「戦略経営に関する事例研究（3）―ライオン株式会社―」『専修経営学論集』92, pp.1-8

馬場杉夫［2012］「戦略経営に関する事例研究（4）―TOTO株式会社―」『専修経営学論集』95, pp.1-8

馬場杉夫［2013a］「戦略経営に関する事例研究（5）―株式会社生方製作所，株式会社ブリヂストン―」『専修経営学論集』96, pp.1-13

馬場杉夫［2013b］「戦略経営に関する事例研究（6）―矢崎グループ（矢崎総業株式会社），加賀電子株式会社」『専修経営学論集』97, pp.1-14

馬場杉夫［2014a］「個の時代の組織化の意義」『社会イノベーション研究』9(2), pp.35-50

馬場杉夫［2014b］「戦略経営に関する事例研究（7）―YKK株式会社，キヤノン株式会社」『専修経営学論集』98, pp.5-19

馬場杉夫［2016］「戦略経営に関する事例研究（8）―カルビー株式会社，リンナイ株式会社―」『専修経営学論集』101, pp.25-36

馬場杉夫・蔡芢錫・福原康司・伊藤真一・奥村経世・矢澤清明［2015］『マネジメントの航海図―個人と組織の複眼的な経営管理―』中央経済社

町田祥弘［2015］『内部統制の知識　第3版』日本経済新聞出版社

三戸公［1991］『家の論理（1）（2）』文眞堂

守島基博［1996］「戦略的人的資源管理のフロンティア」『慶應経営論集』13(3), pp.103-119

吉川吉衛［2007］『企業リスクマネジメント―内部統制の手法として―』中央経済社

吉原英樹・佐久間昭光・伊丹敬之・加護野忠男［1981］『日本企業の多角化戦略　経営資源アプローチ』日本経済新聞社

Amabile, T. M. [1988] "A model of creativity and innovation in organizations," *Research in Organizational Behavior*, 10, pp.123-167

Anderson, C. [2012] *Makers: The New Industrial Revolution*, Random House Business Books（関美和訳『MAKERS―21世紀の産業革命が始まる―』NHK出版，2012）

Ansoff, H. I. [1988] *Corporate Strategy*, Wiley（中村元一，黒田哲彦訳『最新・戦略経営』産能大学出版部，1990）

Argyris, C. [1976] "Single-Loop and Double-Loop Models in Research on Decision Making," *Administrative Science Quarterly*, 21（3）, pp.363-375.

Argyris, C. & Schön, D.A. [1978] *Organizational Learning: A Theory of Action Perspective*, Addison-Wesley

Argyris, C. [1991] "Teaching Smart People How to Learn," *Harvard Business Review*, May-June, 69 (3), pp.99-109.

Argyris, C. [1994] "Good Communication that Blocks Learning," *Harvard Business Review*, July-Aug., 72 (4), pp.77-85.

Argyris, C. [2010] *Organizational Traps: Leadership Culture, Organizational Design*, Oxford University Press（河野昭三監訳『組織の罠―人間行動の現実―』文眞堂, 2016）

Arthur, W.B. [2009] *The Nature of Technology: What It Is and How It Evolves*, Free Press（有賀裕二監修『テクノロジーとイノベーション―進化／生成の理論―』みすず書房, 2011）

Baird, L. & Meshoulam, K. [1988] "Managing Two Fits of Strategic Human Resource Management," *Academy of Management Review*, 13 (1), pp.116-128

Bandura, A. [1977] "Self-efficacy: Toward a unifying theory of behavioral change," *Psychological Review*, 84 (2), pp.191-215

Barnard, C. [1938, 1968] *The Functions of the Executive*, Harvard University Press（山本保次郎ほか訳『新訳 経営者の役割』ダイヤモンド社, 1968）

Barney, J. [1991] "Firm Resources and Sustained Competitive Advantage," *Journal of Management*, 17 (1), pp.99-120

Barney, J. [2002] *Gaining and Sustaining Competitive Advantage 2nd Edition*, Pearson Education（岡田正大訳『企業戦略論（上）（中）（下）』ダイヤモンド社, 2003）

Bartlett, A. C. & Ghoshal, S. [1997] *The Individualized Corporation*, HarperCollins Publishers（グロービス経営大学院訳『新装版 個を活かす企業―自己変革を続ける組織の条件―』ダイヤモンド社, 2007）

Boxall, P. & Purcell, J. [2000] "Strategic Human Resource Management: Where Have We Come From and Where Should We Be Going?" *International Journal of Management Reviews*, 2 (2), pp.183-203

Branscomb, L. M. & Auerswald, P. E. [2002] *Between Invention and Innovation; An Analysis of Funding for Early-Stage Technology Development*, NIST GCR 02-841 https://www.nist.gov/sites/default/files/documents/2017/05/09/gcr02-841.pdf （2019/4/17アクセス）

Burgelman, R. A. [1991] "Intraorganizational Ecology of Strategy Making and Organizational Adaptation: Theory and Field Research," *Organization Science*, 2 (3), pp.239-262

Burgelman, R. A. [2002] *Strategy is Destiny*, Free Press（石橋善一郎・宇田理監訳『インテルの戦略―企業変貌を実現した戦略形成プロセス―』ダイヤモンド社, 2006）

Chandler, Jr., A. D. [1962] *Strategy and Structure*, MIT Press（有賀裕子訳『組織は戦略に従う』ダイヤモンド社, 2004）

Chesbrough, H. W. [2006] *Open Innovation*, Oxford University Press（長尾高弘訳『オープンイノベーション―組織を越えたネットワークが成長を加速する―』英治出版, 2010）

Christensen, C. M. [1997] *The Innovator's Dilemma*, Harvard Business School（伊豆原弓訳『イノベーションのジレンマ』翔泳社，2000）

Christensen, C. M. & Raynor, M. E. [2003] *The Innovator's Solution*, Harvard Business School Press（櫻井祐子訳『イノベーションへの解―利益ある成長に向けて―』翔泳社，2003）

Christensen, C.M., Anthony, S.D. & Roth, E.A. [2004] *Seeing What's Next*, Harvard Business School Press（宮本喜一訳『明日は誰のものか―イノベーションの最終解―』ランダムハウス講談社，2005）

Clark, K. B. & Fujimoto, T. [1991] *Product Development Performance*, Harvard Business School Press（田村明比古訳『製品開発力 増補版―自動車産業の「組織能力」と「競争力」の研究―』ダイヤモンド社，2009）

Colbert, B.A. [2004] "The Complex Resource-based View: Implications for Theory and Practice in Strategic Human Resource Management," *Academy of Management Review*, 29（3），pp.341-358

Collins, J. C. & Porras, J. I. [1994] *Built to Last*, Harper Business（山岡洋一訳『ビジョナリー・カンパニー――時代を超える生存の原則―』日経BP社，1995）

Deci, E. L. [1975] *Intrinsic Motivation*, Plenum Press（安藤延男・石田梅男訳『内発的動機づけ―実験社会心理学的アプローチ―』誠信書房，1980）

Devanna, M.A., Fombrun, C. & Tichy, N. [1981] "Human Resource Management: A Strategic Perspective," *Organizational Dynamics*, 9（3），pp.51-67

Edmondson, A. C. [2011] "Strategies for learning from failure," *Harvard Business Review*, April, 89（4）April, pp.48-55

Ehlers, V. J. [1998] *Unlocking Our Future: Toward a New National Science Policy*, Committee Print 105-B Committee on Science U.S. House of Representatives one hundred fifth congress, September 1998
https://www.aaas.org/sites/default/files/s3fs-public/GPO-CPRT-105hprt105-b.pdf
（2019/4/17アクセス）

Farson, R. & Keyes, R. [2002] "The Failure-Tolerant Leader," *Harvard Business Review*, August, 80（8），pp.64-71

Fayol, H. [1916, 1979] *Administration Industrielle et Générale*, Dunod（山本安次郎訳『産業ならびに一般の管理』ダイヤモンド社，1985）

Foster, R. N. [1986] "*Innovation, The Attacker's Advantage*," Macmillan，（大前研一訳『イノベーション 限界突破の経営戦略』TBSブリタニカ，1987）

Ghemawat, P. [2007] *Redefining Global Strategy: Crossing Borders in a World Where Differences Still Matter*, Harvard Business School Publishing（望月衛訳『コークの味は国ごとに違うべきか』文芸春秋，2009）

Goldman, S.L., Nagel, R.N. & Preiss, K. [1995] *Agile Competitors and Virtual Organizations: Strategies for Enriching the Customer*, Van Nostrand Reinhold（野中郁次郎監訳『アジルコンペティション―「速い経営」が企業を変える―』日本経済新聞社，1996）

Govindarajan, V. & Trimble, C. [2012] *Reverse Innovation*, Harvard Business Review Press（渡部典子訳『リバース・イノベーション』ダイヤモンド社, 2012）

Greiner, L. E. [1972] "Evolution and revolution as organizations grow," *Harvard Business Review*, May-June, 50（4）Jul/Aug, pp.37-46

Hamel, G. & Prahalad, C.K. [1994] *Competing for the Future*, Harvard Business School Press（一條和生訳『コア・コンピタンス経営―大競争時代を勝ち抜く戦略―』日本経済新聞社, 1995）

Hammer, M. & Champy, J. [1993] *Reengineering the Corporation*, Harper Business（野中郁次郎監訳『リエンジニアリング革命―企業を根本から変える業務革新―』日本経済新聞社, 1993）

Hargadon, A. & Sutton, R. I. [2000] "Building and Innovation Factory," *Harvard Business Review*, May-June, 78（3）, pp.157-166

Henderson, B. D. [1979] *Henderson on Corporate Strategy*, Harpercollins（土岐坤訳『経営戦略の核心』ダイヤモンド社, 1981）

Herzberg, F. [1966] *Work and the Nature of Man*, Ty Crowell Co.（北野利信訳『仕事と人間性―動機づけ―衛生理論の新展開―』東洋経済新報社, 1968）

Hippel, E. v. [2005] *Democratizing Innovation*, MIT Press（サイコム・インターナショナル監訳『民主化するイノベーションの時代』ファーストプレス, 2006）

Kamoche, K. [1996] "Strategic Human Resource Management within a Resource-Capability View of the Firm," *Journal of Management Studies*, 33（2）, pp.213-233

Kaplan, R. S. & Norton, D. P. [2001] *Strategy-Focused Organization*, Harvard Business School Press（櫻井通晴監訳『キャプランとノートンの戦略バランスト・スコアカード』東洋経済新報社, 2001）

Katz, R. L. [1995] "Skills of an effective administrator," *Harvard Business Review*, Sep.-Oct., 18（3）, pp.429-456

Kohn, A. [1993] *Punished by Rewards*, H.Mifflin, （田中英史訳『報酬主義をこえて』法政大学出版局, 2001 ）

Lado, A. A. & Wilson, M. C. [1994] "Human Resource Systems and Sustained Competitive Advantage: A Competency-Based Perspective," *Academy of Management Review*, 19（4）, pp.699-727

Laloux, F. [2014] *Reinventing Organizations*, Nelson Parker（鈴木立哉訳『ティール組織―マネジメントの常識を覆す次世代型組織の出現―』英治出版, 2018）

Leavitt, H.J. & Lipman-Blumen, J. [1995] "Hot Groups," *Harvard Business Review*, July-Aug., 73（4）, pp.109-116

Lengnick-Hall, C.A. & Lengnick-Hall, M.L. [1988] "Strategic Human Resources Management: A Review of the Literature and a Proposed Typology," *Academy of Management Review*, 13（3）, pp.454-470

Leonard-Barton, D. [1992] "Core Capabilities and Core Rigidities: A Paradox in New Product Development," *Strategic Management Journal*, 13 Special Issue Summer, pp.111-126

Leonard-Barton, D. [1995] *Wellsprings of Knowledge*, Harvard Business School Press, (安部孝太郎・田畑暁生訳『知識の源泉』ダイヤモンド社, 2001)

Lepak, D.P. & Shaw J.D. [2008] "Strategic HRM in North America: looking to the future," *The International Journal of Human Resource Management*, 19 (8), pp.1486-1499

Levinthal, D. A. & March, J. G. [1993] "The myopia of learning," *Strategic Management Journal*, 14, pp.95-112.

Levitt, B. & March, J. G. [1988] "Organizational Learning," *Annual Review of Sociology*, 14, pp.319-340

March, J. G.& Simon, H. [1958, 1993] *Organizations*, John Wiley & Sons (高橋伸夫訳『オーガニゼーションズ 第2版―現代組織論の原典―』ダイヤモンド社, 2014)

March, J. G. [1991] "Exploration and Exploitation in Organizational Learning," *Organization Science*, 2 (1), pp.71-87

Maslow, A. H. [1937] "The influence of familiarization on preference," *Journals of Experimental Psychology*, 21 (2), pp.162-180

Maslow, A. H. [1954, 1970] *Motivation and Personality*, Harper & Row (小口忠彦訳『人間性の心理学 (改訂新版) ―モチベーションとパーソナリティ―』産業能率大学出版部, 2007)

McGregor, D. [1960] *The Human Side of Enterprise*, McGraw-Hill (高橋達男訳『企業の人間的側面―統合と自己統制による経営―』産業能率大学出版部, 1970)

Medbery, J. [2013] "So what if Google's '20 percent time' Is dead? Let it live on in schools!" *Education Week*, 2013/8/23
 http://blogs.edweek.org/edweek/rick_hess_straight_up/2013/08/so_what_if_googles_20_time_is_dead.html (2018/9/13アクセス)

Merton, R. [1940] "Bureaucratic Structure and Personality," *Social Forces*, 18, pp.560-568

Michie, J. & Sheehan, M. [2005] "Business Strategy, Human Resources, Labour Market Flexibility and Competitive Advantage," *International Journal of Human Resource management*, 16 (3), pp.445-464

Milgrom, P. & Roberts, J. [1992] *Economics, Organization & Management*, Prentice-Hall (奥野正寛ほか訳『組織の経済学』NTT出版, 1997)

Mims, C. [2013] "Google engineers insist 20% time is not dead—it's just turned into 120% time," *Quartz*, 2013/8/17
 https://qz.com/116196/google-engineers-insist-20-time-is-not-dead-its-just-turned-into-120-time/ (2018/9/13アクセス)

Mintzberg, H. & Waters, J. A. [1985] "Of Strategies, Deliberate and Emergent," *Strategic Management Journal*, 6 (3), pp.257-272

Mintzberg, H. [1987] "Crafting Strategy," *Harvard Business Review*, July-Aug., 65 (4), pp.66-75

Mintzberg, H. [1994] "*The Rise and Fall of Strategic Planning*," Free Press (中村元一 監訳『戦略計画創造的破壊の時代』産業能率大学出版部, 1997)

Mintzberg, H., Ahlstrand, B. W. & Lampel, J. [2009] *Strategy Safari 2nd ed.*, Free Press

（齋藤嘉則 監訳『戦略サファリ（第2版）―戦略マネジメント・コンプリートガイドブック―』東洋経済新報社，2013）

O'Reilly, C.A. & Tushman, M.L.［2004］"The Ambidextrous Organization," *Harvard Business Review*, April, 82（4），pp.74-81

Paauwe, J. & Boselie, P.［2003］"Challenging 'Strategic HRM' and the Relevance of the Institutional Setting," *Human Resource Management Journal*, 13（3），pp.56-70

Panayotopoulou, L., Bourantas, D. & Palalexandris, N.［2003］"Strategic Human Resource Management and It's Effects on Firm Performance: an Implementation of the Competing Values Framework," *International Journal of Human Resource Management*, 14（4），pp.680-699

Panzar, J. C. & Willig, R. D.［1981］"Economics of Scope," *American Economic Review*, 71（2），pp.268-272

Penrose, E.［1959, 1995］*The Theory of the Growth of the Firm*, Oxford University Press（日高千景訳『企業成長の理論［第3版］』ダイヤモンド社，2010）

Peters, T. J. & Waterman, R. H.［1982］*In Search of Excellence*, Harper & ROW（大前研一訳『エクセレント・カンパニー』英治出版，2003）

Pfeffer, J.［1998］*The Human Equation*, President & Fellows of Harvard College．（佐藤洋一訳『人材を活かす企業』翔泳社，2010）

Pink, D.［2001］*Free Agent Nation*, Warner Books（池村千秋訳『フリーエージェント社会の到来：組織に雇われない新しい働き方』ダイヤモンド社，2014）

Pink, D.［2009］*Drive: The Surprising Truth about What Motivates Us*, Riverhead（大前研一訳『モチベーション3.0―持続する「やる気！」をいかに引き出すか―』講談社，2010）

Plato（Plátōn）［不明］*The Republic*，（藤沢令夫訳『国家（上）（下）』（岩波文庫）岩波書店，1979）

Porter, M. E.［1985］*Competitive Advantage*, Free Press（土岐坤ほか訳『競争優位の戦略―いかに高業績を持続させるか―』ダイヤモンド社，1985）

Prahalad, C. K.［2010］*The Fortune at the Bottom of the Pyramid*, Wharton School Publishing（スカイライトコンサルティング訳『ネクスト・マーケット 増補改訂版―「貧困層」を「顧客」に変える次世代ビジネス戦略―』英治出版，2010）

Ries, E.［2011］*The lean startup*, Currency（井口耕二訳『リーン・スタートアップ―ムダのない起業プロセスでイノベーションを生みだす―』日経BP，2012）

Robertson, B. J.［2015］"*Holacracy*," Henry Holt and Co.（瀧下哉代訳『ホラクラシー』PHP研究所，2016）

Roethlisberger, F. J.［1941］*Management and Morale*, Harvard University Press（野田一夫・川村欣也訳『経営と勤労意欲』ダイヤモンド社，1954）

Rumelt, R. P.［1974］*Strategy, Structure, and Economic Performance*, Harvard University Press（鳥羽欽一郎ほか訳『多角化戦略と経済成果』東洋経済新報社，1977）

Smith, A.［1791］*An Inquiry into the Nature and Causes of the Wealth of Nations Sixth Edition*（山岡洋一訳『国富論―国の豊かさの本質と原因についての研究―（上）（下）』

日本経済新聞社，2007）
Tate, R. [2013] "Google couldn't kill 20percent time even if it wanted to," *Wired*, 2013/8/20
　https://www.wired.com/2013/08/20-percent-time-will-never-die/（2018/9/13アクセス）
Taylor, F. W. [1911, 2006] *Principles of Scientific Management*, Cosimo（有賀裕子訳『科学的管理法―マネジメントの原典―』ダイヤモンド社，2009）
Teece, D., [1980] "Economies of Scope and the Scope of the Enterprise," *Journal of Economic Behavior and Organization*, 1（3），pp.223-247
Thaler, R. [2019]「ノーベル賞セイラー教授の「にんげんだもの」の経済学」『日経ビジネスオンライン』2019.5.4
　https://business.nikkei.com/atcl/seminar/19/00005/042500009/（2019/6/9アクセス）
Tichy, N.M., Fombrun, C.J. & Devanna, M.A. [1982] "Strategic Human Resource Management," *Sloan Management Review*, 23（2），pp.47-61
Tushman, M.L. & O'Reilly, C.A. [1996] "The Ambidextrous Organization: Managing Evolutionary and Revolutionary Change," *California Management Review*, 38, pp.1-23
Tyson, S. [1997] "Human Resource Strategy: a Process for Managing the Contribution of HRM to Organizational Performance," *International Journal of Human Resource Management*, 8（3），pp.277-290
Utterback, J. M. [1994] *Mastering the Dynamics of Innovation*, Harvard Business School Press（大津正和・小川進監訳『イノベーション・ダイナミクス―事例から学ぶ技術戦略―』有斐閣，1998）
Vroom, V. H. [1964] *Work And Motivation*, John Wiley & Sons（坂下昭宣ほか訳『仕事とモティベーション』千倉書房，1982）
Weber, M. [1918] *Parlament und Regierung im neugeordneten Deutschland―Zurpolitischen Kritik des Beamtentums und Parteiwesen*, Gesammelte Politische Schriften（中村貞二・山田高生訳「新秩序ドイツの議会と政府―官僚制度と政党組織の政治的批判―」『ウェーバー政治・社会論集（世界の大思想23）』河出書房新社，1988，pp.319-383）
Weber, M. [1956] *Wirtschaft und Gesellschaft, Grundriss der verstehenden Soziologie, vierte, neu herausgegebene*, Auflage, besorgt von Johannes Winckelmann, erster teil, Kapitel III, IV（S.122-180）（世良晃志郎訳『支配の諸類型』（経済と社会第Ⅰ部，第3章，第4章）創文社，1970，世良晃志郎訳『支配の社会学Ⅰ』（経済と社会第2部第9章1節-4節）創文社，1960）
Weick, K.E. [1979] *The Social Psychology of Organizing 2nd edition*, Addison-Wesley（遠田雄志訳『組織化の社会心理学（第2版）』文眞堂，1997）
Wernerfelt, B. [1984] "A Resource-based View of the Firm," *Strategic Management Journal*, 5（2），pp.171-180
Wright, P. M. & McMahan, G.C. [1992] "Theoretical Perspectives for Strategic Human Resource Management," *Journal of Management*, 18（2），pp.295-320
Wright, P. M., McMahan, G. C. & McWilliams A. [1994] "Human Resources and Sustained

Competitive Advantage: a resource-based perspective," *International Journal of Human Resource Management*, 5 (2), pp.301-326
Wright, P.M. & Snell, S.A. [1998] "Toward a Unifying Framework for Exploring Fit and Flexibility in Strategic Human Resource Management," *Academy of Management Review*, 23 (4), pp.756-772
Wright, P.M., Snell, S.A. & Dyer, L. [2005] "New Models of Strategic HRM in a Global Context," *International Journal of Human Resource Management*, 16 (6), pp.875-881

厚生労働省『就労条件総合調査 平成29年度版』
　　https://www.mhlw.go.jp/toukei/list/11-23.html （2019/3/29アクセス）
特許庁「職務発明制度の概要」
　　https://www.jpo.go.jp/system/patent/shutugan/shokumu/shokumu.html
　　（2019/3/29アクセス）

Alphabet　Investor Relations, "2004, Founders' IPO Letter"
　　https://abc.xyz/investor/founders-letters/2004/ipo-letter.html （2016/9/13アクセス）
Global Entrepreneurship Monitor
　　https://www.gemconsortium.org/ （2019/3/21アクセス）

索 引

▍欧文

Amabile,T.M. — 122
Ansoff,H.I. — 51
Argyris,C. — 92, 144
Arthur,W.B. — 94
Bandura,A. — 123
Barney,J. — 10
Bartlett,A.C. — 34
BOPビジネス — 21, 33
BSC — 134
Burgelman,R.A. — 10, 23, 99, 160
Chesbrough,H.W. — 25
Christensen,C.M. — 98, 161
Deci,E.L. — 9, 122
EMS — 25, 174
Fayol,H. — 6, 50
Foster,R.N. — 157
GEM — 112
Ghoshal,S. — 34
Greiner,L.E. — 155
Herzberg,F. — 9
Hippel,E.V. — 26
Leonard-Barton,D. — 94
Levitt,B. — 94
March,J.G. — 52, 94, 144
Maslow,A.H. — 8, 110
McGregor,D. — 8
Mintzberg,H. — 10, 23, 131, 153
OECD — 66
One Japan — 27
O'Reilly,C.A. — 146
PDCA — 9
Penrose,E. — 52
Pfeffer,J. — 34
PPM — 99, 158, 165
QCサークル — 9
QOL — 27
QWL — 9
Roethlisberger,F.J. — 7

Simon,H. — 52
Smith,A. — 6, 50
T型フォード — 126
Taylor,F.W. — 6
TEA — 112
TOTO — 178, 179
Tushman,M.L. — 146
Utterback,J.M. — 22
Vroom,V.H. — 111
Weber,M. — 50, 140
Wernerfelt,B. — 10
YKK — 118, 177, 179

▍あ行

安全欲求 — 111
アントレプレナースクール — 154
異業種交流会 — 28
イノベーションのジレンマ — 98
イノベーションのプロセス — 22
異部門交流 — 145
インフォーマル・コミュニケーション — 22
生方製作所 — 118, 143, 177, 179
エンパワーメント — 42, 124
オープンイノベーション — 24, 25

▍か行

階層構造 — 50, 140
科学的管理法 — 6
加賀電子 — 118, 153, 177, 178, 180, 181
価値創造 — 22
活用と探索 — 144
加点主義 — 118
ガラパゴス化 — 73
カルビー — 177, 178
韓非子 — 120
官僚制 — 50
関連型の多角化 — 51, 153
機会の提供 — 41, 133
危機感 — 121

技術的新製品	159
技術のS曲線	157
技術の不連続性	157
期待理論	111
キヤノン	118, 177
共感	36, 39
競争優位を構築	11
協調	58
協調行動	53
グリコ	22, 136, 179
グローバル化	21, 33
グンゼ	178
計画作成の意義	131
計画作成の落とし穴	132
経済人	6
権限委譲	41
コアリジディティ	94
孔子	5
甲陽軍鑑	5
交流	57
顧客の動向	155
国富論	6, 50
小林製薬	22, 136, 178, 179, 180
コミュニティ	58
コモディティ化	158
雇用保障	37, 113, 117
コントロール	134, 147, 148

さ行

再発性	103
サステナブル	192
サンクコスト	94
資源ベース理論	10
自己決定感	9
自己効力	123
事後的	18, 32, 163
自己の壁	93, 110, 169, 177
指示待ち	17, 32
市場の新製品	159
市場動向の認識	40, 79
市場の壁	100, 169, 180
市場の細分化	20, 33

事前的	18, 32, 163
持続的競争優位の源泉	11
実現できない整合性	18
失敗学	114
失敗に対する寛容	43, 118
失敗の研究	114
失敗評価	74
シナジー効果	51, 56, 153, 158, 164, 180
死の谷	156
清水龍瑩	16, 19, 159
社会性	53
社内ネットワーク	180
社内のキャリア	184
終身雇用	38
集団主義	28
集団浅慮	93, 130, 139
自由にかかる費用	135
自由のマネジメント	148
自由をコントロール	137
主体的・能動的行動	32, 33, 34, 101
主体的に行動する	17
受動的	16
俊敏性	163
自律の戦略	10, 23, 160, 164
自律の組織	142, 179
進化論	99, 161
シングルループ学習	144
信賞必罰	5, 120
スタートアップ	156, 176
スピード経営	17
すり合わせ能力	24
成果主義	120
整合性	14, 182
成功体験	94
製品のライフサイクルの短縮化	158
選択と集中	153
戦略からの働きかけ	38
戦略的人的資源管理	182
戦略プロセス	23
創発の戦略	10, 23, 132, 162, 164, 183
双面型組織	146, 180
十川廣國	18, 25, 74, 145

組織学習	144, 179
組織化の条件	61
組織行動論	8
組織の壁	97, 169, 179
組織のフラット化	141
組織の変化への対応方法	79
組織は戦略に従う	143

た行

ダーウィンの海	156
多角化	51, 56
脱年功化	43
ダブルループ学習	92, 144
多様性	57, 180
多様性を生み出す	162, 164
長期性	103
長期の課題解決にかける時間	76
長期目標遂行の評価	76
挑戦意欲	74
提案制度	22, 136
ティール組織	142
抵抗勢力	17
統制環境	82
同調圧力	93, 130, 139
トップ	16
トップダウン	16
取引コスト	24

な行

内在性	103
内発的動機づけ	9, 122
内部競争行動	54
内部統制	82, 135
20％ルール	137
人間関係論	7
年功序列	38
能力の罠	94

は行

ハーゲンダッツ	179
敗者復活人事	118
パイロット	179, 180, 181

破壊的技術	161
働き方改革	185
働く意識の高揚	35
発明の対価	120
範囲の経済	51, 56
ビジョンの真の浸透	38
ヒット商品ランキング	70
人は石垣，人は城	5
人は連続的にしか変化できない	101
1人当たりGDP	66
評価とフィードバック	42
ファブレス	25
フィードバック	44, 136
副業	28
不祥事	36, 81
ブランドマネージャー	140, 179
フリーエージェント	28
ブリヂストン	153, 181
ブレーンストーミング	139
不連続に変化	15
プロジェクトチーム	140, 147
プロセスイノベーション	22
プロダクトイノベーション	22
プロダクトマネージャー	179
分業	6, 50, 55
分権化	141, 179
分社化	174, 178
分離タイプ	174
分離と融合のダイナミズム	176
ペナルティの明文化	118
ベンチャー支援策	26
防衛的思考	92, 100, 110, 175
ポジショニングスクール	154
ホットグループ	143
ボトムアップ	16
ホラクラシー	142

ま行

マトリックス組織	140
魔の川	156
ミドル	33, 141
メンバーの相互交流	25

モジュール化 24

┃や行
矢崎総業 180
融合タイプ 175
有能感 9
誘発的戦略 160
ユニチカ 180, 181
要因が変化するスピード 19
欲求階層説 110

┃ら行
ライオン 179
ライバル 59
リーンスタートアップ 117
リエンジニアリング 140
リスクのタイプ 116
リスクを保有する 119, 177
リスクを軽減させる 117, 177
両刀使い 146
両面性 103
リンナイ 179
ルースカップリング 182
ルーチン 93, 103, 124, 131
労働市場 185
労働生産性 66
ローテーション 145, 178, 180
ロックイン 94, 131
論語 5

┃わ行
ワークライフバランス 27

■著者紹介

馬場　杉夫（ばば　すぎお）
1966年10月生まれ
1989年3月　慶應義塾大学商学部卒
1995年4月　専修大学経営学部講師
2003年9月　UCLA Anderson School of Management, Visiting Scholar（～2004年8月）
2017年9月　Trinity College Dublin Business School, Visiting Professor（～2018年3月）
現在，専修大学経営学部教授，元経営学部長，博士（商学，慶應義塾大学）
大規模製造業へのアンケート調査に16年以上参画するとともに，100社を超える企業へのフィールドスタディを行い，現場の活躍を組織の存続に結びつける研究に一貫して取り組んでいる。

《主著》
『個の主体性尊重のマネジメント』（単著）白桃書房，2005年。
『深化する日本の経営―社会・トップ・戦略・組織―』（共著）千倉書房，2012年。
『マネジメントの航海図―個と組織の複眼的な経営管理―』（共著）中央経済社，2015年。

なぜ組織は個を活かせないのか

2019年11月10日　第1版第1刷発行

著者　馬　場　杉　夫
発行者　山　本　　　継
発行所　㈱中央経済社
発売元　㈱中央経済グループ
　　　　パブリッシング

〒101-0051　東京都千代田区神田神保町1-31-2
電話　03 (3293) 3371（編集代表）
　　　03 (3293) 3381（営業代表）
http://www.chuokeizai.co.jp/
印刷／三英印刷㈱
製本／㈲井上製本所

Ⓒ 2019
Printed in Japan

＊頁の「欠落」や「順序違い」などがありましたらお取り替えいたしますので発売元までご送付ください。（送料小社負担）
ISBN978-4-502-32231-0　C3034

JCOPY〈出版者著作権管理機構委託出版物〉本書を無断で複写複製（コピー）することは、著作権法上の例外を除き、禁じられています。本書をコピーされる場合は事前に出版者著作権管理機構（JCOPY）の許諾を受けてください。
JCOPY〈http://www.jcopy.or.jp　eメール：info@jcopy.or.jp〉